DVD付き

狙った筋肉を鍛える！

筋トレ完全バイブル

Ultra Hard

吉川朋孝 監修

朝日新聞出版

はじめに

こんにちは、吉川メソッド代表の吉川朋孝です。

私はプライベートジムのトレーナーとして、これまで多くの方の体づくりをお手伝いさせていただきました。

今年で42歳になった私も20代前半は完全にメタボでした。また、空手で腰を傷めてしまったことなどもあり、自身の体づくりのために始めたのが筋トレでした。もともとのめりこみやすい性格も手伝って、自身の経験や研究などに基づき、フォームを独自に導き出しました。これが吉川メソッドの筋トレです。

本書とDVDでは、独自の筋トレを紹介しています。

筋トレの目的は、筋肉を鍛えること。回数をこなしたり、重いダンベルやバーベルをやみくもに持ち上げたりすることではありません。回数をクリアすれば達成感はあるものの、数がこなせるような楽なフォームでは筋肉を鍛えることはできません。このような〝やってるつもり筋トレ〟に陥ってしまう人は、筋トレ熟練者にすら少

なくないのです。

大切なのは、筋トレが対象筋にしっかり効いているかどうかということ。そのために必要なのが、正しいフォームです。仕事柄さまざまな場面で筋トレシーンを目にしますが、気付かないうちに間違ったフォームで行ってしまっている人が多いというのが実感です。

今回、22種目の筋トレを取り上げています。正しいフォームをとるための重心の置き方や体の動かし方、間違いやすいフォームなどを解説しています。ＤＶＤでも、22の種目を私自身が説明しながら実演。また、一般の読者モデルの方に登場いただき、筋トレの指導現場も収録しています。

筋トレによって体が変われば、心だけでなく、生活も変わります。これは多くの方を見てきて断言できることです。本書を参考に正しい筋トレに取り組んでいただき、〝なりたい自分〟への手助けとなれば幸いです。

吉川朋孝

正しいフォームを実践するための

本書の使い方

各筋トレページは、正しいフォームをとるポイントを簡潔に解説。DVDも参考に、実際に体感することで深く理解できます。

鍛えるべき筋肉

筋トレで鍛える筋肉（対象筋）をビジュアルで解説。その筋肉を意識することで効果がよりアップします。

筋トレの動作

筋トレの動きを写真で示します。DVDでは吉川先生が解説しながら実演しています。

筋トレ名

NGポーズ

狙った筋肉に効かない間違ったフォームを解説しています。

トレーニングの目安

回数の目安です。ただし、個人の筋力などにより異なります。

ダンベルの重さ

使用するダンベルの重さの目安。ただし、個人の筋力などにより異なります。ダンベルの負荷の決め方は80ページを参照。

フォームのポイント

狙った筋肉に効く正しい動きや、間違いやすい動きなどをわかりやすく解説します。

DVDマーク

DVDに収録しているページを表しています。

DVDの使い方

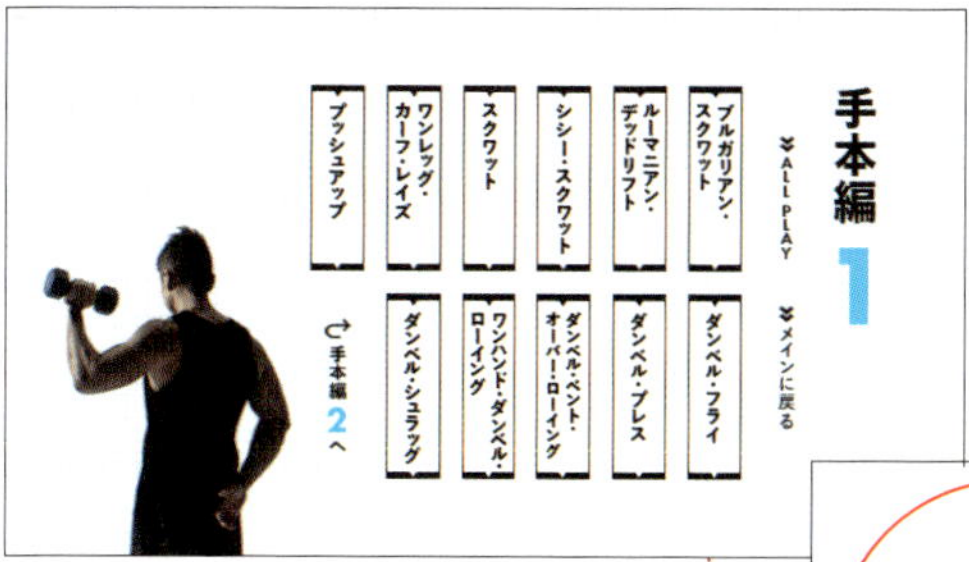

手本編1〜2

本書で紹介している22の筋トレを、吉川先生が実演。正しいフォームをとるポイントや、やりがちなNGフォームを解説。映像を見て一緒にできる実践編も収録しています。

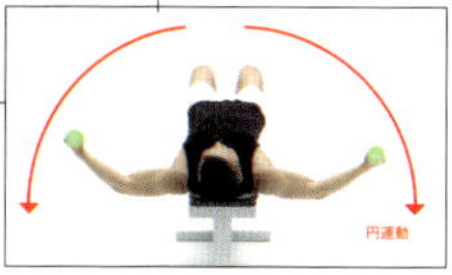

トップメニュー画面

DVD 116分

本書で紹介する22の筋トレの手本編と、一般モデルへの指導編を収録。DVDを先に見ても、正しいフォームがわかるように先生が解説しています。

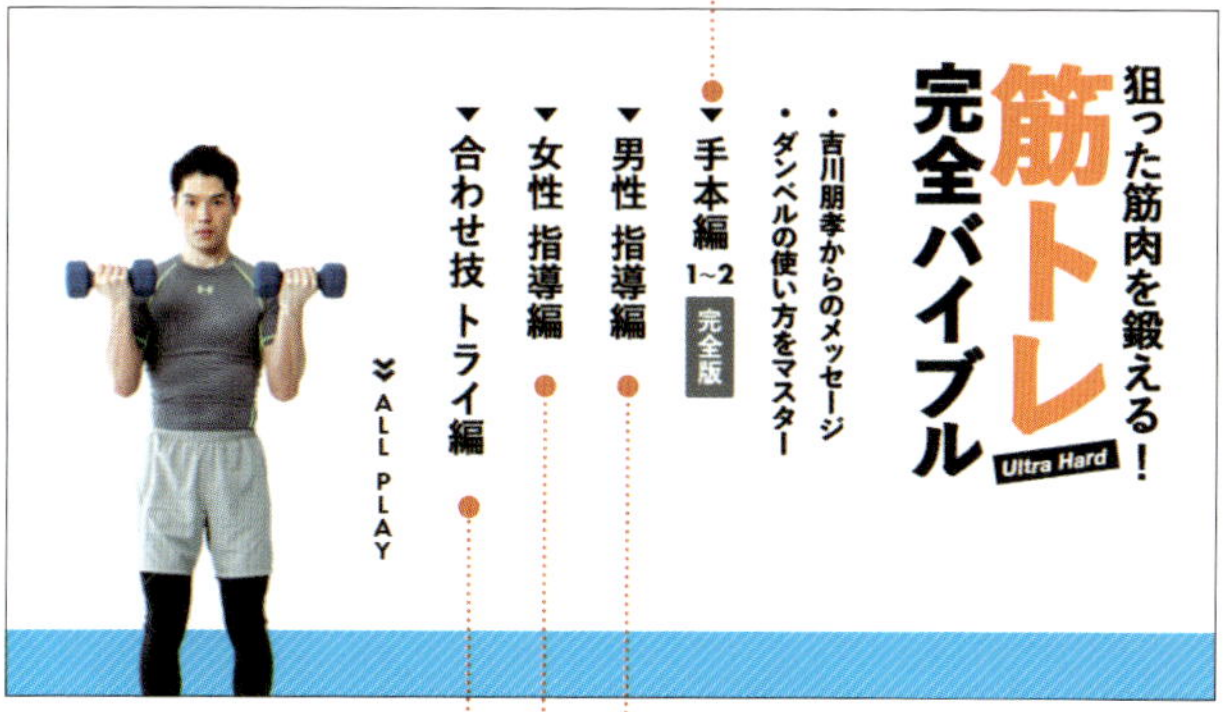

吉川先生が実演する「手本編1〜2」、男女の一般モデルを先生が指導する「指導編」「合わせ技 トライ編」を収録。「ダンベルの使い方をマスター」では、安全にケガのないように先生が実演しています。

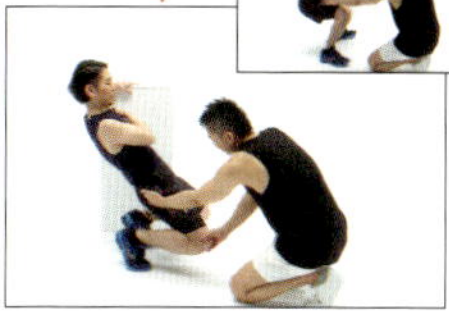

合わせ技 トライ編
同じ対象筋をより鍛えたいときは、2種類の筋トレを続けて行う合わせ技が効果的。大腿四頭筋、三角筋、腹筋をそれぞれ鍛える、3つの合わせ技を、先生が一般モデルに指導しています。

女性 指導編
10種目の筋トレを、先生の指導のもとで女性モデルが体験しています。一部の筋トレでは、初心者向けのやり方や補助フォームも収録しています。

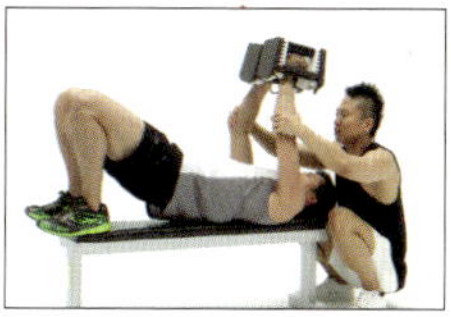

男性 指導編
12種目の筋トレを、先生の指導のもとで男性モデルが体験しています。モデルの動作を先生が修正し、正しいフォームに直していく過程がわかります。

注意 ●視聴の際は、部屋を明るくし、画面から離れてご覧ください。長時間続けての視聴は避け、休憩を取りながらご覧ください。●DVDは映像と音声を高密度に記録したディスクです。12センチDVD対応のプレーヤーで再生ください。なお、DVDドライブ付パソコンやゲーム機などの一部の機種では再生できない場合があります。使用環境や操作方法についてのお問い合わせには応じかねますので、ご承知ください。また、プレーヤーやデータに万一何らかの損害が生じても、いかなる補償もいたしかねます。●ディスクは両面とも指紋・汚れ・キズ等をつけないように取り扱ってください。また、ディスクに対して大きな負荷がかかると微小な反りが生じ、データの読み取りに支障をきたす場合もありますのでご注意ください。●このディスクを無断で複製・放送・上映・配信することは法律により禁じられています。●図書館における館外貸し出しが可能です。

Contents

はじめに 02

本書の使い方 04

PART 1

吉川メソッドの極意

吉川メソッドの極意 10

01 正しいフォームを実践する 回数をこなせるフォームは間違い 12

02 マッスルコントロールを意識 キツイときこそゆっくり丁寧に 14

03 限界を超えた〝ラスト3〟がカギ 肉体の限界が本当の筋トレ 16

04 集中することで結果を出す 2カ月でなりたいカラダになる 18

PART 2

筋トレ実践ドリル

吉川メソッドの筋トレルール 22

マスターしておきたいダンベルの使い方 24

全身筋肉マップ 26

大臀筋に効く! ブルガリアン・スクワット 28

ハムストリングスに効く! ルーマニアン・デッドリフト 30

大腿四頭筋に効く! シシー・スクワット 32

大腿四頭筋に効く! スクワット 34

ふくらはぎに効く! ワンレッグ・カーフ・レイズ 36

大胸筋に効く！ プッシュアップ …… 38
大胸筋に効く！ ダンベル・フライ …… 40
大胸筋に効く！ ダンベル・プレス …… 42
広背筋に効く！ ダンベル・ベント・オーバー・ローイング …… 44
広背筋に効く！ ワンハンド・ダンベル・ローイング …… 46
僧帽筋に効く！ ダンベル・シュラッグ …… 48
三角筋に効く！ サイド・レイズ …… 50
三角筋に効く！ ダンベル・ショルダー・プレス …… 52
上腕三頭筋に効く！ ダンベル・ワンハンド・フレンチ・プレス …… 54
上腕三頭筋に効く！ ライイング・トライセプス・エクステンション …… 56
上腕二頭筋に効く！ ダンベル・カール …… 58
上腕二頭筋に効く！ ハンマー・カール …… 60
腹直筋に効く！ ダブル・クランチ …… 62
腹斜筋に効く！ ツイスト …… 64
外腹斜筋に効く！ サイド・ベント …… 66
腹直筋に効く！ ヒップ・レイズ …… 68
上級編｜腹直筋に効く！ ボディ・アーチ …… 70
Report 吉川メソッドの筋トレ キツイけど効果あり！…ってホント？ …… 72
Report 私たちのボディ改造体験記 …… 74
スポーツジムでクールに決める！ 上級トレーニーの器具操作術 …… 76

Contents

PART 3

筋トレ&食事のギモンがわかる!

筋トレ編 …… 80

ダンベルの負荷はどのように決める?/腹筋を割りたいけど、効果が出ない! なぜ?/インナーマッスルはどう鍛えればいい?/毎日筋トレしてもいい?/ハードな筋トレをしても筋肉痛にならない。どうして?/筋トレをするときの順番ってある?/不得意な筋トレと得意な筋トレがあるけど……/筋トレをやめるとすぐに前の体型に戻る?/筋トレでオーバーワークってある?/単関節種目と多関節種目はどっちが先?/〝ジャイアントセット〟ってなに?

女性編 …… 86

運動が苦手。筋トレってできる?/筋トレすると太くなる?/生理中でも筋トレやって平気?/筋トレで部分やせは可能?/小顔になる筋トレってある?/やせるには有酸素運動も一緒にやったほうがいいの?

吉川メソッドの食事術 …… 88

4つのルール/糖質制限を上手にすすめるために/Q&A

吉川メソッド **筋トレチェックシート** …… 94

Break Time 01 **ネガティブな言葉や言い訳はご法度** …… 20

Break Time 02 **筋トレで体が変われば心が変わる** …… 78

入門編

PART 1

吉川メソッドの極意

吉川メソッドが目指す筋トレは、正しいフォームで効率よく行うこと。狙う筋肉を意識することで最短で結果を出せます。

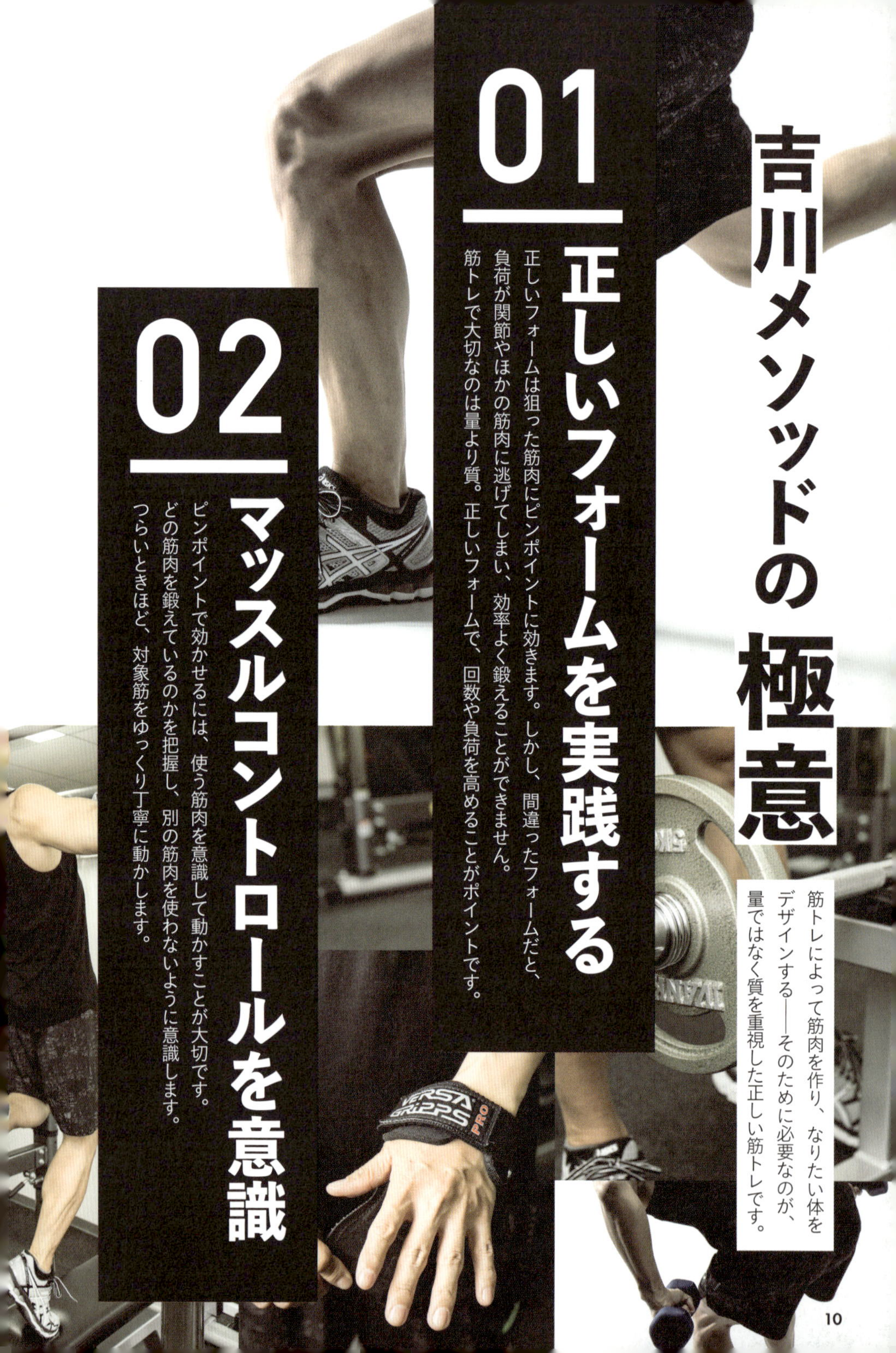

吉川メソッドの極意

筋トレによって筋肉を作り、なりたい体をデザインする――そのために必要なのが、量ではなく質を重視した正しい筋トレです。

01 正しいフォームを実践する

正しいフォームは狙った筋肉にピンポイントに効きます。しかし、間違ったフォームだと、負荷が関節やほかの筋肉に逃げてしまい、効率よく鍛えることができません。筋トレで大切なのは量より質。正しいフォームで、回数や負荷を高めることがポイントです。

02 マッスルコントロールを意識

ピンポイントで効かせるには、使う筋肉を意識して動かすことが大切です。どの筋肉を鍛えているのかを把握し、別の筋肉を使わないように意識します。つらいときほど、対象筋をゆっくり丁寧に動かします。

03

限界を超えた"ラスト3"がカギ

筋トレの目的は、筋肉を動かすことではなく鍛えること。つまり、筋繊維を破壊して成長させることにあります。人間の体には筋肉を破壊させまいとする防衛本能があるため、いかに自分を追い込むかが大切。限界からさらに3回、まさにラスト3回の動きが肝心。

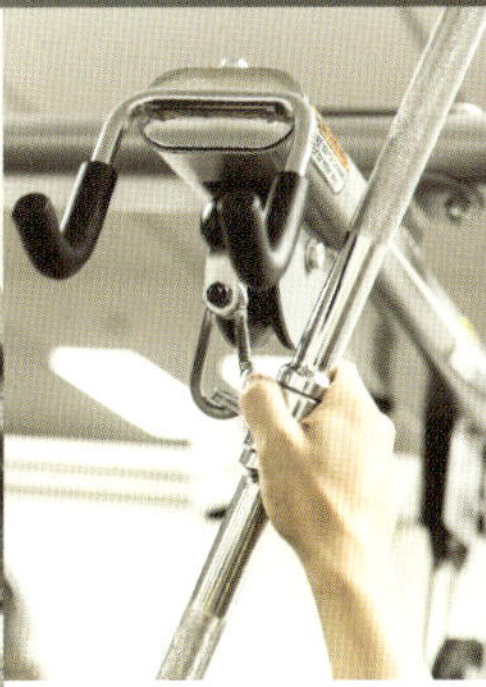

04

集中することで結果を出す

筋トレで成果を出すには集中力が必要です。回数が多いと集中力は続きません。筋肉を効率よく成長させるためには、8〜12回（一部を除く）で限界となる高負荷をかけることです。これを最初の1回目から最後の1回までしっかり集中して行いましょう。

正しいフォーム
を実践する

01

回数をこなせるフォームは間違い

筋トレをするときに、回数をこなすことや単に重いものを持ち上げる「やってるつもりトレーニング」になっていませんか？　筋トレで重要なのは、正しいフォーム。回数や重量に成果を見出してしまうと、効果がないばかりか、ケガをするリスクが高まります。

吉川メソッドはきついとよく言われますが、それは正しいフォームをとることで筋肉にピンポイントで効いているから。

たとえば、ダブル・クランチなどの腹筋運動。脚や頭を大きく動かすとやってる気になりますが、実は腹筋を使っていません。だから回数がこなせるのです。また、ダンベルを使った筋トレも同様です。

正しいフォームで行えば、狙った筋肉に効きます。もしほかの部位がきついなら、それは間違ったフォームです。

ピンポイント筋トレは

きついフォーム

ダブル・クランチ

正しいフォーム
腹筋をしっかり収縮。腹筋に負荷がかかっている

間違ったフォーム
脚を動かしているだけで腹筋を使っていない

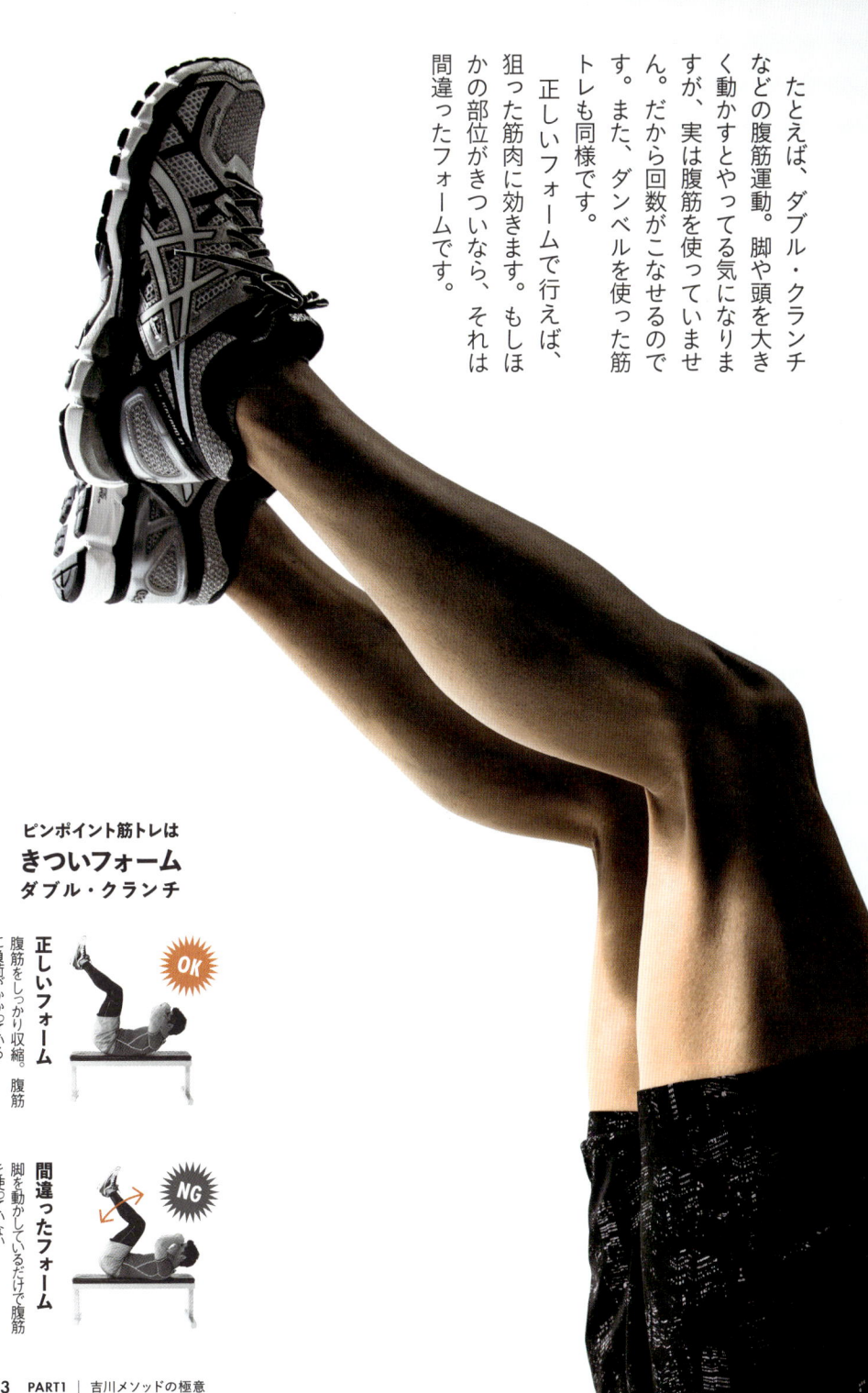

マッスルコントロールを意識

02

キツイときこそ ゆっくり丁寧に

マッスルコントロールとは、狙った筋肉をしっかり使って動かすこと。最初は思うようにできませんが、訓練すれば徐々にできるようになります。マッスルコントロールを実践するために必要なのが、きついときこそ集中して、ゆっくりと丁寧に動かすこと。

　たとえば、サイド・レイズはダンベルを持ち上げているときより、上げきった状態でいるのが一番きついので、そこで対象筋に負荷がのっているのを意識して、できるだけ長くキープします。下ろすと楽になるので、休まず素早く上げます。

　また、下ろすときはダンベルの重さにまかせるのではなく、しっかりと対象筋でコントロールした速度で下ろすようにします。

肉体の限界が本当の筋トレ

　正しいフォームを身につけ、筋トレのレベルが上がると、少ないセット数で、筋肉の限界まで達することが可能です。筋トレの目的は、目標回数を達成することでも、マックスの重さを上げることでもなく、筋破壊をして筋肉を再生・成長させることにあります。

　限界に近づくと、徐々に可動域が狭まり、ほとんど動かなくなりますが、もう無理だと感じたときからが、実は本当の筋トレです。心の限界の先に肉体の限界があります。ですから、もうだめだとやめないでください。

　可動域が狭くなってもいいので、そこからさらに3回上げようとしたり、上がらなくなったところで限界までキープすることで、筋肉を効果的に鍛えることができます。

限界を超えた〝ラスト3〟がカギ

03

集中することで
結果を出す

04

カラダになる

正しいフォームを習得するために集中力は欠かせません。きついときこそ、声を出したり、目をつぶったり、オーバーアクションをしがち。でも、声を出さず、目をしっかりあけて筋肉を追い込むことで集中力はアップ。また、回数が多いと集中力は続きません。効率よく筋トレを行うには、8〜12回（一部を除く）で限界となる負荷をかけ、1回1回に集中して筋肉を動かすことが肝心。異なる部位であれば毎日筋トレに取り組んでOKです。

このように吉川メソッドでは、効率よく筋トレを進めるの

2カ月でなりたい

で、２カ月で結果が出ます。

　取り組んで最初の１カ月は、体重がぐんと落ちていきます。そして、２カ月目には体重の減りは鈍るものの、筋肉がついてくるので体の各部位が引き締まり、見た目が変わります。

　体重が落ちにくくなるのは筋肉がしっかりついた証拠です。筋肉は脂肪よりも重いので、体にまとっていた〝脂肪の服〟が薄くなり、筋肉がつくことで、体の質が大きく変わるのです。

1カ月後
一番体重が落ちる時期

←

2カ月後
体重は落ちにくくなるが、筋肉がつき体が引き締まる

Break Time 01

ネガティブな言葉や言い訳はご法度

　筋トレを行うときは、ネガティブな言葉は頭の中で打ち消して、ポジティブな思考を心がけましょう。たとえば、苦しくなっても「つらい」ではなく「効いている」、ラスト3回などの大事な局面では「無理」ではなく「できる！」と信じて取り組んでください。

　また、筋トレは日々続けることが肝心です。でも、今日は休んでしまおうとか、仕事で忙しいからと自分に言い訳をして、中断してしまうことも。継続には自分をコントロールする精神力が必要です。苦しくても筋トレを続けることで、弱い自分に打ち勝つ力も養われます。また、レベルに合った目標を決めてそれをクリアしていくことで、筋トレの質が高まると同時に、自分の自信にもなります。

実践編

PART 2

筋トレ 実践ドリル

鍛える筋肉の部位別に22の筋トレを紹介。ダンベルの扱い方、筋トレマシーンやアイテムの使い方も伝授します。

安全に効果的に効かせるための

吉川メソッドの筋トレルール

筋肉を動かすのではなく鍛える

吉川メソッドでは、筋肉を動かすのではなく鍛えるのが目的。自分の体重で負荷をかける筋トレと、ダンベルなどの器具を使う筋トレをバランスよく組み合わせています。

PART2では、鍛える筋肉の部位別に種目を紹介しています。筋トレにも順番があり、大きな筋肉から鍛えるのが基本です。また、トレーニング中は目をつぶらず、鏡に映る自分のフォームを見ながら行うのが理想です。

筋肉をつけるためには、正しいフォームをとった上で負荷を上げていくこと。シシー・スクワットやスクワットは腰を落としている時間を長くすることで負荷をアップ。DVDでも紹介していますが、同じ部位を鍛えるときには、2種目続けて行う合わせ技も効果的です。

RULE 1

スタートポジションに神経を集中させる

スタートポジションは、正しいフォームをとるための重要なきっかけ。肩や肘などの関節の状態、ひざの曲げ具合、足幅やつま先の向きなどをチェック。最初の姿勢が間違っていると正しい動きをすることができません。

RULE 2

筋肉に負荷を与え続け、ゼロにしない

吉川メソッドでは筋肉に負荷を与え続けるのが特徴です。たとえば、ダンベルを頭上に持ち上げたときに肘を伸ばしきるのはＮＧ。関節などで負荷を受けとめ、対象筋に効かなくなるからです。

RULE 3

オーバーアクションはしないように

大きな動きをすると“やってるつもりトレーニング”の罠に陥りがち。たとえば、腹筋運動は首や脚の関節を大きく動かしても腹筋は動いていません。腹筋が収縮した結果、頭と脚が近づくというのが正しい動きです。狙う筋肉に集中しましょう。

RULE 4

回数ではなく負荷を上げる

筋トレの強度は回数ではなく、ダンベルの負荷を高めることで上げていきます。負荷の上げ方は**PART3**（80ページ）で解説しています。また、ダブル・クランチなどの腹筋系種目は、きつい状態でのキープ時間を長くします。

DVDでも
紹介しています

吉川メソッドを始める前に

マスターしておきたい ダンベルの使い方

ダンベルに 体を近づけるのが基本

筋トレを安全に行うために大切なのがダンベルの使い方です。ダンベルは必ずベンチ台などに置いた状態から持ち上げます。持ち上げるときは台にひざがつくくらい近づき、ダンベルを持ち上げると腰に負担がかかりません。戻すときも同様です。

床にあるダンベルをベンチ台などに置くときは、片手はひざにつき、もう一方の手でダンベルを持ち上げます（下段右写真参照）。

また、重いダンベルをスタートポジションまで持ち上げる方法を「オン・ザ・ニー」といいますが、余分な負担をかけないので、これもマスターしましょう（P25参照）。

詳しくはDVDでも紹介しています。

床から持ち上げるとき

写真のように体から離れた位置からダンベルを両手で持ち上げるのは、腰に負担がかかります。

片手をひざについて下半身を使って持ち上げることで、腰への負担は軽くなります。

「オン・ザ・ニー」で安全な筋トレをスタート

ベンチ台にひざをつけ、ダンベルに体を近づける

そのまま、ベンチ台からダンベルを持ち上げる

ダンベルをひざ上にあてる

ダンベルは脚から離さず、ベンチ台に座る。肘は曲げない

ダンベルをひざ上につけたまま、ゆっくり後ろに倒れる

両腕を伸ばしてダンベルの位置を維持し、両脚を離す

両腕を伸ばしたまま、足は床につけ、筋トレ開始！

筋トレ後は、勢いをつけて両脚を上げてダンベルをひざ上にあてる

ダンベルをひざ上につけたまま、起き上がる

ダンベルをひざ上につけたまま、立ち上がる

三角筋【さんかくきん】

肩を覆う三角形の筋肉

サイド・レイズ ……………… 50

ダンベル・ショルダー・プレス ……………… 52

大胸筋【だいきょうきん】 胸部を覆う筋肉

プッシュアップ ……………… 38

ダンベル・フライ ……………… 40

ダンベル・プレス ……………… 42

上腕二頭筋【じょうわんにとうきん】 力こぶの筋肉

ダンベル・カール ……………… 58

ハンマー・カール ……………… 60

腹斜筋【ふくしゃきん】

わき腹の筋肉（外腹斜筋・内腹斜筋）

ツイスト…… 64

サイド・ベント ……………… 66

腹直筋【ふくちょくきん】

胸からお腹に広がる筋肉

ヒップ・レイズ ……………… 68

ダブル・クランチ ……………… 62

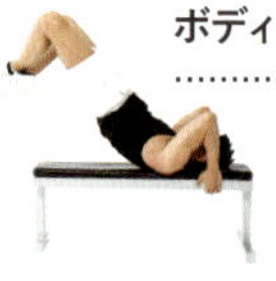

ボディ・アーチ ……………… 70

大腿四頭筋【だいたいしとうきん】 太ももの前側の筋肉

シシー・スクワット ……………… 32

スクワット ……… 34

前

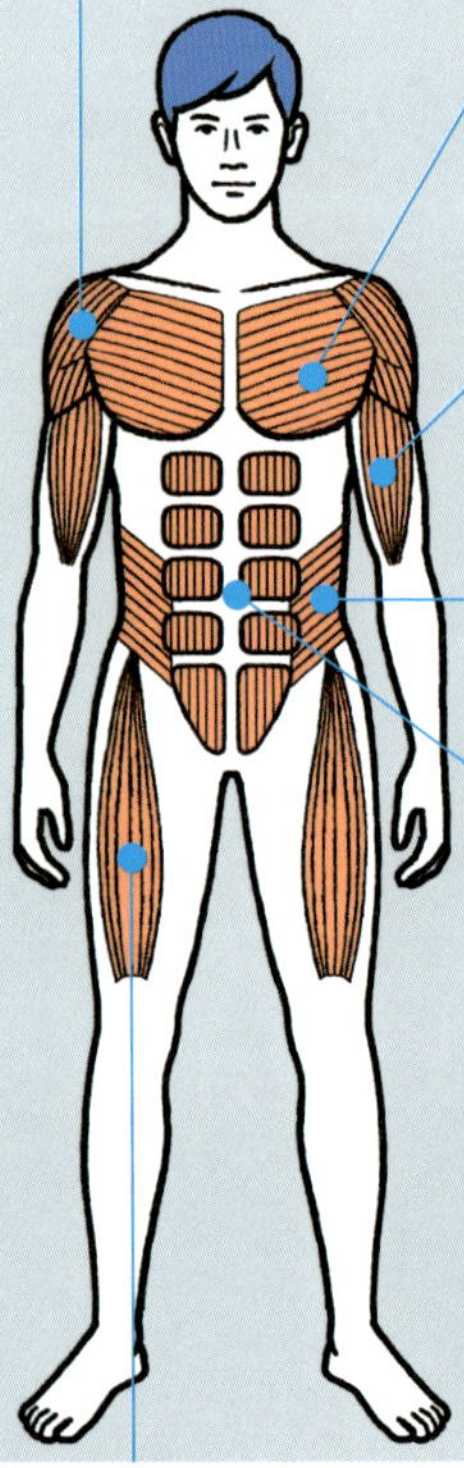

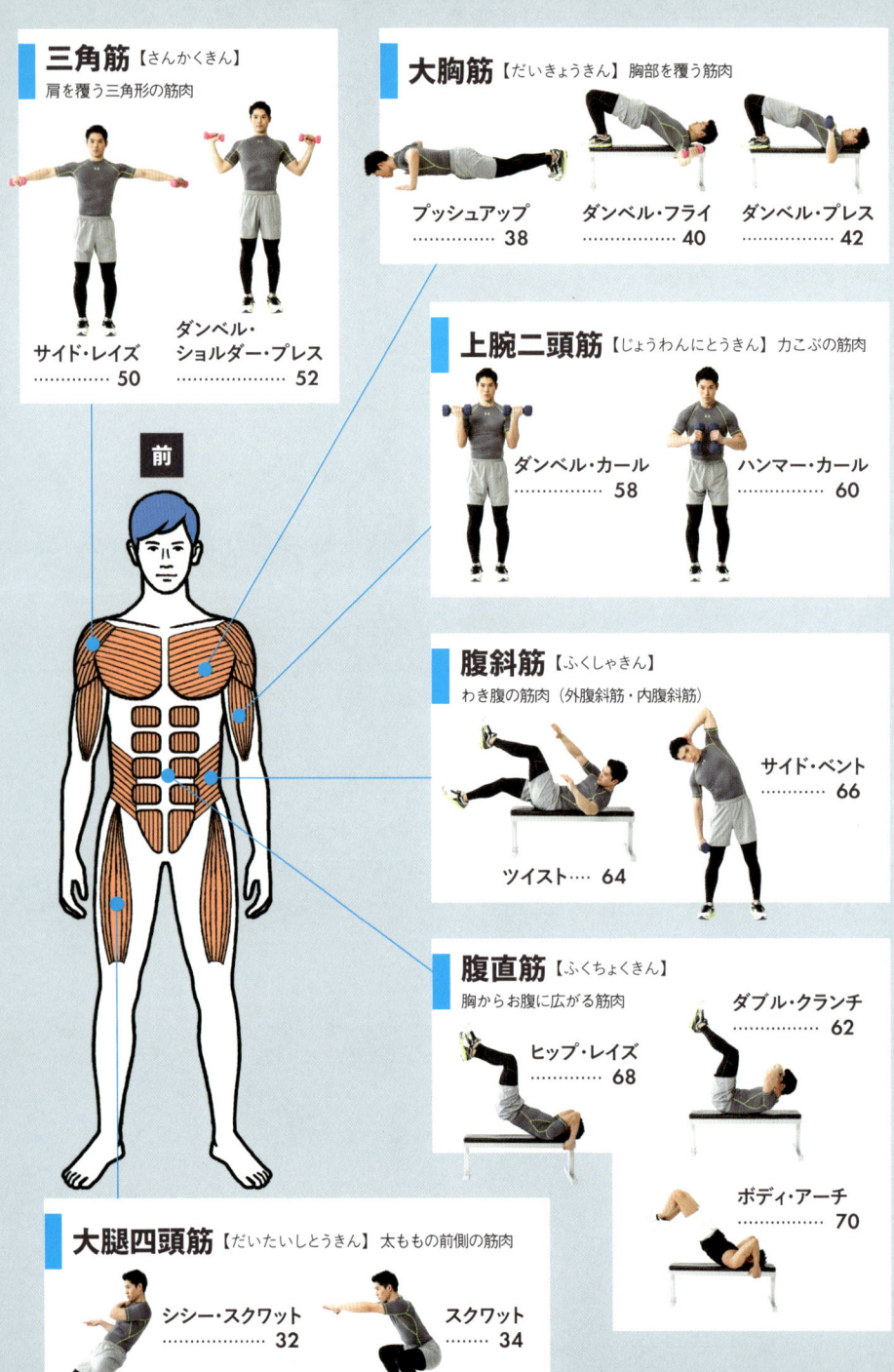

全身筋肉マップ MAP

筋肉の位置をしっかり確認！ 使う筋肉を意識してマッスルコントロールを。

広背筋【こうはいきん】

背中の中央から腰にかけて広がる筋肉

ダンベル・ベント・オーバー・ローイング …… 44

ワンハンド・ダンベル・ローイング …… 46

僧帽筋【そうぼうきん】

肩から首、背中にかけての筋肉

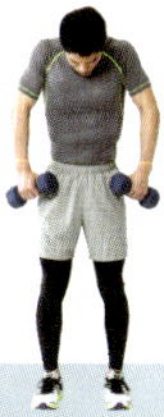

ダンベル・シュラッグ …… 48

後

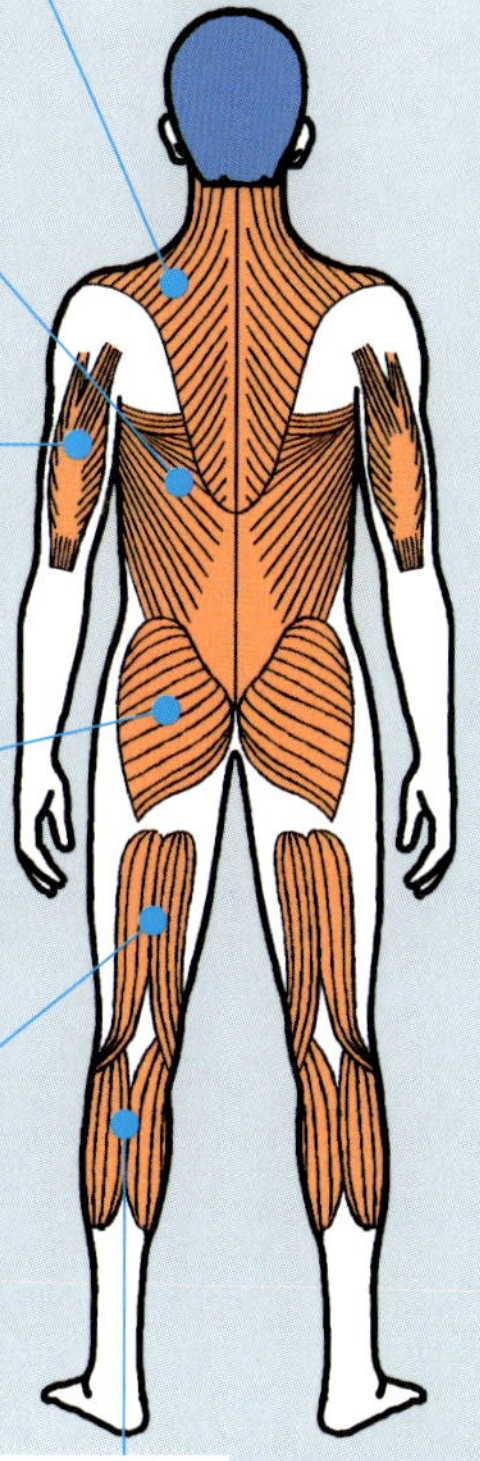

上腕三頭筋【じょうわんさんとうきん】

二の腕の後ろ側にある筋肉

ダンベル・ワンハンド・フレンチ・プレス …… 54

ライイング・トライセプス・エクステンション …… 56

大臀筋【だいでんきん】お尻を覆う大きな筋肉

ブルガリアン・スクワット …… 28

ハムストリングス

太ももの裏側の筋肉（大腿二頭筋）

ルーマニアン・デッドリフト …… 30

ふくらはぎ

腓腹筋・ヒラメ筋を含む下肢の筋肉

ワンレッグ・カーフ・レイズ …… 36

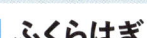

お尻

大臀筋に効く!

前足のかかとに重心をかけ前傾姿勢で

ブルガリアン・スクワット

1 ダンベルを持ち右足は前に出し、左足はベンチ台に

後ろ足には体重がかからないようにする。背すじを伸ばしたまま、上体は前傾させる。

ダンベルの持ち方

ダンベルは中央をしっかり持つ。

2 前足のかかとに重心をかけながら、真下にしずむ

そのまま真下にしずみ、右側のお尻がストレッチされたら、「1、2」と数えてかかとで押し上げるようにまっすぐ上がる。反対側も同様に行う。

EASY

ダンベルなしで行ったり、ダンベルの重さを軽くして行う。

DVD

手本編 1

女性 指導編

トレーニングの目安

左右8〜12回ずつ×3〜5セット

ダンベル1個の重さ

0〜15kg

大臀筋に負荷をかけるため、上半身は前傾させ、常にかかとに重心をおいて行うことが肝心です。ひざが前に出てつま先重心になったり、上半身がまっすぐになり後ろ足に体重がかかると、大臀筋から負荷が逃げてしまいます。

前足のかかとで体を持ち上げる。つま先重心はNG

ヒップの土台となる大臀筋を強化。お尻の下側に効く！

大臀筋は骨盤を覆い、太ももの骨に向かって伸びているお尻の筋肉。立ち上がったり、ジャンプしたりするときに使われる。ヒップアップに重要な筋肉。

これでは効かない！ NGポーズ

後ろ足重心では対象筋の負荷を逃がす

上体が起き上がり後ろ足に体重がかかってしまうと、対象筋から負荷が逃げる。

背中が丸くなると腰に負担がかかる

腹筋の力が抜け、下背部が持ち上がって背中が丸まると、腰に負担がかかるのでNG。

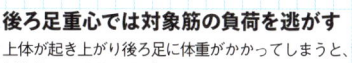

脚

ハムストリングスに効く!

お尻を突き出して太もも裏を伸ばす
ルーマニアン・デッドリフト

DVD
手本編 1
女性 指導編

トレーニングの目安
8〜12回
×3〜5セット

ダンベル1個の重さ
5〜20kg

1

背すじは伸ばして
お尻を後ろに引く
ひざは緩めておく

両手にダンベルを持ち、足は肩幅よりやや狭く開き、背すじは伸ばしたままお尻を後ろに引く。

ダンベルの持ち方

ダンベルは中央をしっかり持つ。

2

ダンベルを下ろし
太ももの後ろを
しっかり伸ばす

ダンベルを脚のすねに沿ってゆっくり下ろし「1、2」と数えたら、かかとを重心にして体を押し上げる。

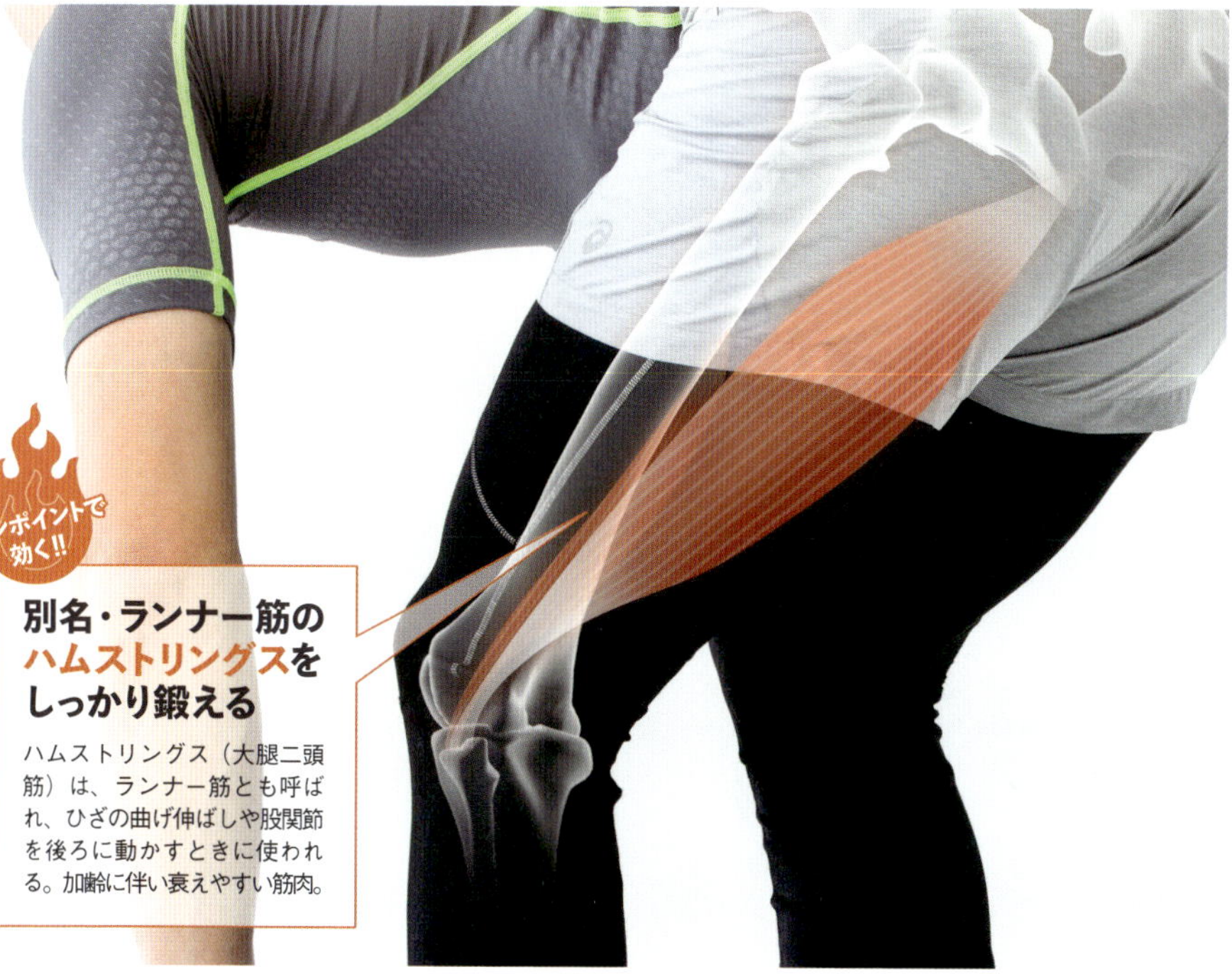

ピンポイントで効く!!

別名・ランナー筋のハムストリングスをしっかり鍛える

ハムストリングス（大腿二頭筋）は、ランナー筋とも呼ばれ、ひざの曲げ伸ばしや股関節を後ろに動かすときに使われる。加齢に伴い衰えやすい筋肉。

太もも裏の筋肉が伸びないのはNG

お尻を後ろに突き出し、太ももの裏の筋肉であるハムストリングスを伸ばすこと、かかとで体を押し上げることが肝心。ひざの角度は一連の動作を通して大きく変わらないようにキープします。

これでは効かない！ NGポーズ

へっぴり腰になる

ひざが前に出てへっぴり腰の姿勢になると、ハムストリングスから負荷が逃げてしまう。また、腰に負担がかかり、ケガの原因になるので注意。

背中が丸いと腰に負担がかかる

腹筋の力が抜け、下背部が持ち上がって丸まると、腰に負担がかかるのでNG。

脚
大腿四頭筋に効く！

骨盤を斜めに傾けた姿勢をキープ

シシー・スクワット

バランスを保つために、
台など安定したものにつかまる。

1

骨盤を斜めにし ひざを前に突き出し 太もも前を伸ばす

足を肩幅程度に開き、つま先は外側に向けてかかとは上げ、左手は右肩におく。太もも前の筋肉が伸びるように骨盤を倒す。

2

かかとは上げたまま、ひざを落として すねと床を平行に

1の姿勢のまますねが床と平行になるくらいまでひざをゆっくり落としたら、骨盤を上に向けるように**1**の姿勢に戻る。

ひざは浅く落として（すねと床が平行でない）負荷を軽減。

DVD
手本編 1
男性 指導編
合わせ技 トライ編

トレーニングの目安
8〜12回
×3〜5セット

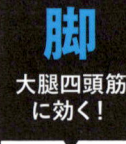

ピンポイントで効く!!

体の中でも大きな太もも前面の筋肉。代謝アップのカギ！

大腿四頭筋は太ももの前側の筋肉で、全身の筋肉の中でも大きい。ひざの曲げ伸ばしの際に使われる。大きな筋肉を鍛えることで代謝効率もアップする。

骨盤の傾きが重要！一定の姿勢で負荷を逃がさない

自重で行う筋トレです。台などにつかまるときは、体重はかけないように。上体を反らすというより、大腿四頭筋をストレッチさせるために骨盤を斜めにするイメージ。動作中は、上体の角度は一切変えず、ゆっくり下ろすのがコツ。

これでは効かない！NGポーズ

背中を反らせると腰の負担に

背中が反ってしまうと腰に負担がかかる。

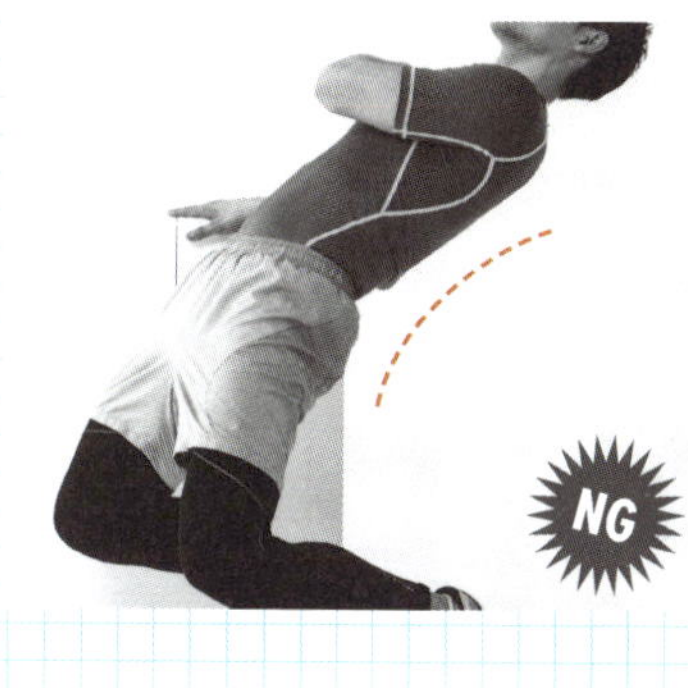

骨盤を後ろに引くと負荷が逃げる

体を上げるときにつらいとお尻を後ろに引きがち。これでは負荷がかからないので、上げるときは骨盤を上に向けるイメージで。

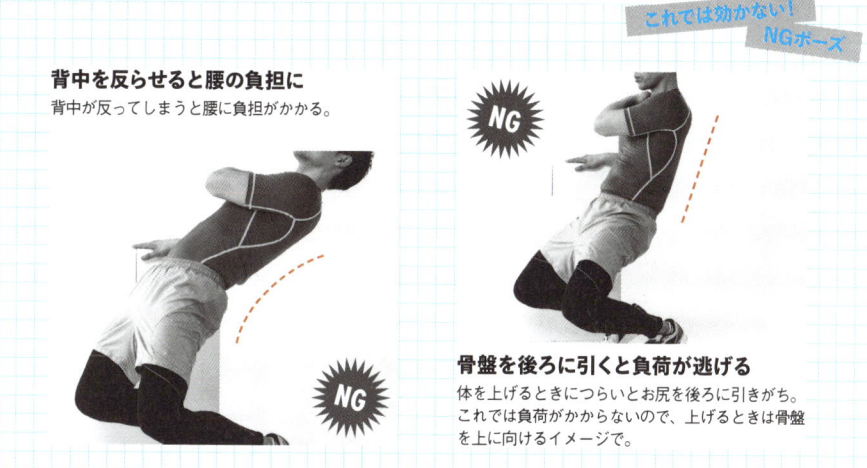

脚

大腿四頭筋に効く！

深く腰かけるようにしゃがむ スクワット

1

太ももの前側に負荷がかかる状態からスタート

足は肩幅よりやや広く開き、つま先とひざはやや外側に開く。お尻を後ろに突き出すために手は前に出し、前傾姿勢に。

2

腰かけるようにお尻を落とし両足裏で上げる

太ももと床が平行になるまでお尻を落とし、「1、2」と数えたら、両足裏全体で体を押し上げ**1**の姿勢に戻る。

太ももと床が平行になる手前で止め、負荷を軽減。

DVD

手本編 1
男性 指導編
合わせ技 トライ編

トレーニングの目安
10〜15回
×3〜5セット

スタートポジションでひざが前に出るとひざに負担がかかり危険なので、必ず、後ろに腰かけるイメージで。しゃがむときにひざは自然と少し前に出るのが正しいフォーム。下半身の種目なので、動作中は上体は一切動かさないのもポイント。また、負荷をゼロにしないために、体を押し上げたときにひざを伸ばしきらないで、大腿四頭筋に少し負荷がかかった状態にします。

ピンポイントで効く!!

大腿四頭筋など下半身の筋肉群を効果的に鍛える

大腿四頭筋のほか大臀筋、ハムストリングス、ふくらはぎなど、全体の筋肉の2/3を占める下半身の強化は、体の筋肉量アップに。

上体は一定姿勢。
脚力だけで
体を持ち上げる

これでは効かない! NGポーズ

NG

ひざがつま先より前に出る

ひざがつま先よりも前に出てしまうとひざを痛める。

ひざとつま先の向きに注意

ひざ頭とつま先は同じ方向に。

OK
NG

ひざが内側に傾いている。

NG

上体が前後・上下に動く

上体が前後に動いたり、両手が上下したりしないように。

脚
ふくらはぎに効く！

かかとを限界まで真上に押し上げる

ワンレッグ・カーフ・レイズ

DVD
手本編 1
男性 指導編
女性 指導編

トレーニングの目安
左右12〜15回ずつ
×3〜5セット

ダンベル1個の重さ
0〜20kg

1

片足でつま先立ち ひざは緩めて ピンと伸ばさない

ひざは少し曲げ、かかとをやや浮かせて、足の親指の付け根（母指球）あたりに重心をかけて片足で立つ。

台や壁などに片手をつけ、バランスをとる。
負荷を高めたいときは片手にダンベルを持つ。

2

ひざは伸ばさず できるだけ高く かかとを上げる

1の姿勢のまま、かかとを高く上げ「1、2」と数えたら、ゆっくりかかとを床に近づける。反対側も同様に行う。

EASY

両足で行うことで、負荷を軽減する。

小指側に重心がかかったり、ひざの角度が変わると、ふくらはぎに十分な負荷がかかりません。かかとを上げきり、床につけずに下ろすことでふくらはぎにピンポイントで効きます。負荷を高めるならダンベルを使って。

かかとは上げきり、下ろしたときは床につけないこと

ふくらはぎには3つの筋肉がある。美脚にも重要

ふくらはぎの筋肉は、ヒラメ筋、腓腹筋で、おもに足首の曲げ伸ばしに関わり、柔軟で強い足首の動きを生み出す。美脚づくりにも重要。

これでは効かない！NGポーズ

母指球が床から離れてしまう

母《ぼ》指《し》球《きゅう》に重心をのせる必要があるので、指側に重心が移らないようにする。

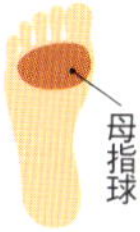

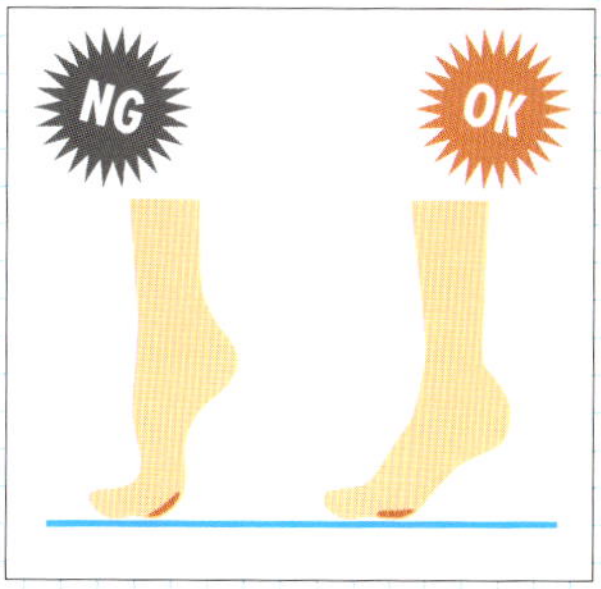

上げたときにひざが伸びてしまう

かかとを上げるときにひざが伸びてしまったり、下ろしたときにひざが深く曲がったりしないように。ひざの角度は一定にする。

胸
大胸筋に効く！

プッシュアップ

手をつく位置と肘の開き方がカギ

1 腕は広めに開き 横から見て 肘は胸の横に

手幅は肩幅より広く、肘が横に開きやすくするために手のひらはややハの字。両足をついて体は伸ばす。このとき肩甲骨は開いた状態。

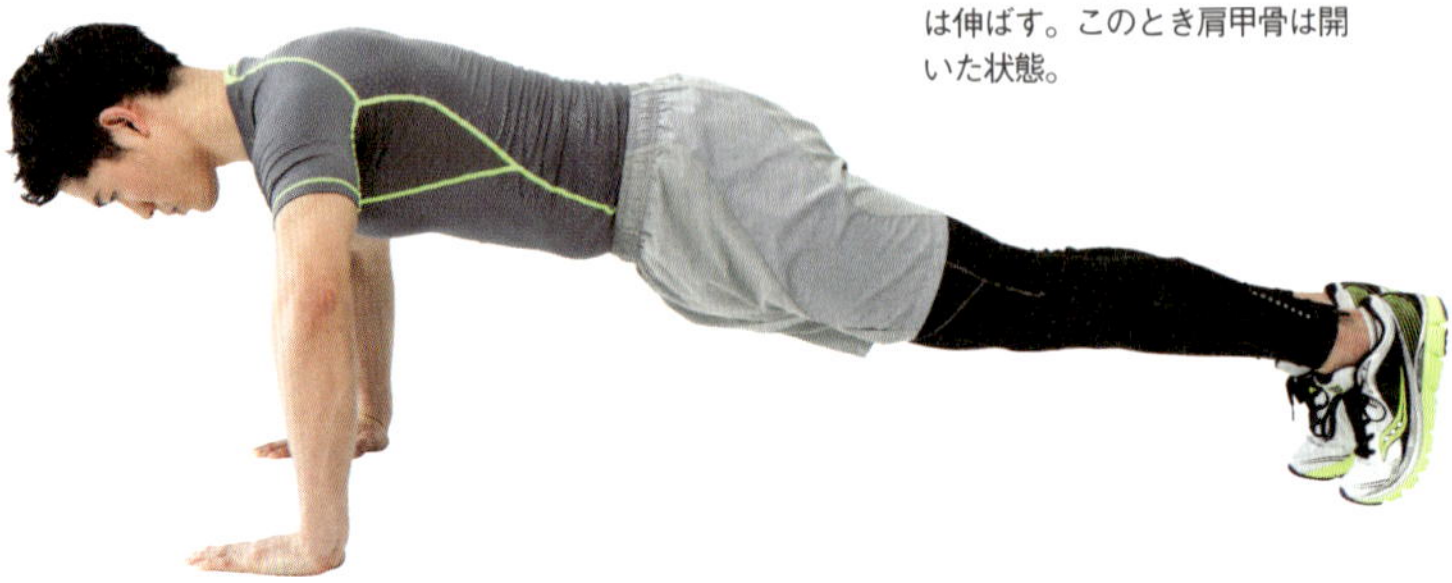

2 胸の真横で肘を 開いて下ろす。 重心は手のひらの 外側に

下ろすときは手のひらの外側に体重をかけ、肘を胸の真横で開く。肩甲骨を寄せず、鼻先が床に触れたところで「1、2」と数えたらまっすぐ上げる。このとき肘は伸ばしきらない。

EASY

両ひざをついて行う。ひざが手に近いほど負荷が軽くなる。

DVD
手本編 1
男性 指導編
女性 指導編

トレーニングの目安
10〜15回

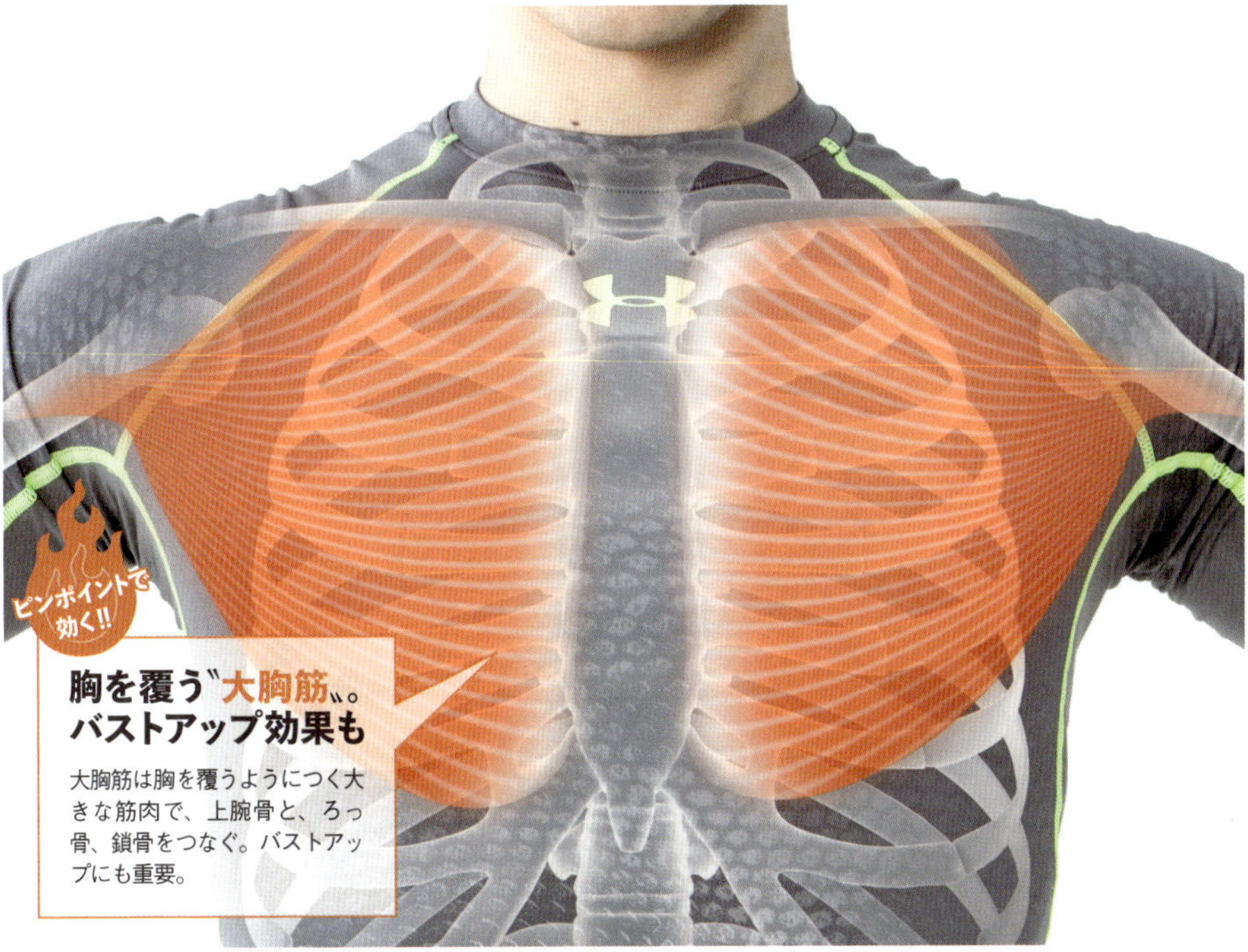

胸を覆う〝大胸筋〟。
バストアップ効果も

大胸筋は胸を覆うようにつく大きな筋肉で、上腕骨と、ろっ骨、鎖骨をつなぐ。バストアップにも重要。

肘は胸の真横で
横に開くのが
ポイント

大胸筋をうまく使うには、肘の位置と肘の開き方が重要です。肩の横で開くと肩を使いやすく、肘が内側に締まってしまうと上腕三頭筋を使いやすくなります。下ろすときは手のひらの外側に重心をかけ、胸の横で肘を真横に開きます。

これでは効かない！
NGポーズ

腰が落ちて残ったままになる

上げたときに、腰が落ちて残ったままになると腰に負担がかかる。頭から足は常に一直線になるようにキープ。

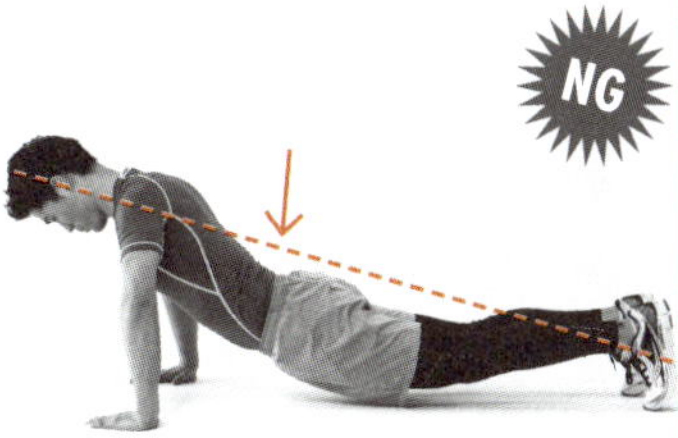

肩で体を持ち上げてしまう

体を持ち上げるときに肩の力で上げてしまうと、写真のように上体が後ろにぶれる。大胸筋への効果的な負荷にならない。

胸
大胸筋
に効く！

ダンベル・フライ

肘の角度は変えず、円軌道で下ろす

ダンベルの持ち方

手は親指側に寄せてダンベルを持つ。

1

両手を向かい合わせ 肘を横に向け やや曲げる

両手にダンベルを持ち、腕は大きなボールを抱え込んだイメージで。両足はベンチ台にのせ、腰をやや浮かせる。

2

ダンベルを円軌道で ゆっくり下ろし 胸を大きく張る

肘の角度は変えず、ダンベルが円を描くようにゆっくり下ろす。頭を上げ、腰を上げて胸を張り「1、2」と数えたら、**1**の姿勢に戻る。

頭側から

DVD
手本編 1
男性 指導編

トレーニングの目安
10〜12回 ×3〜5セット

ダンベル1個の重さ
女性2〜4kg
男性5〜8kg

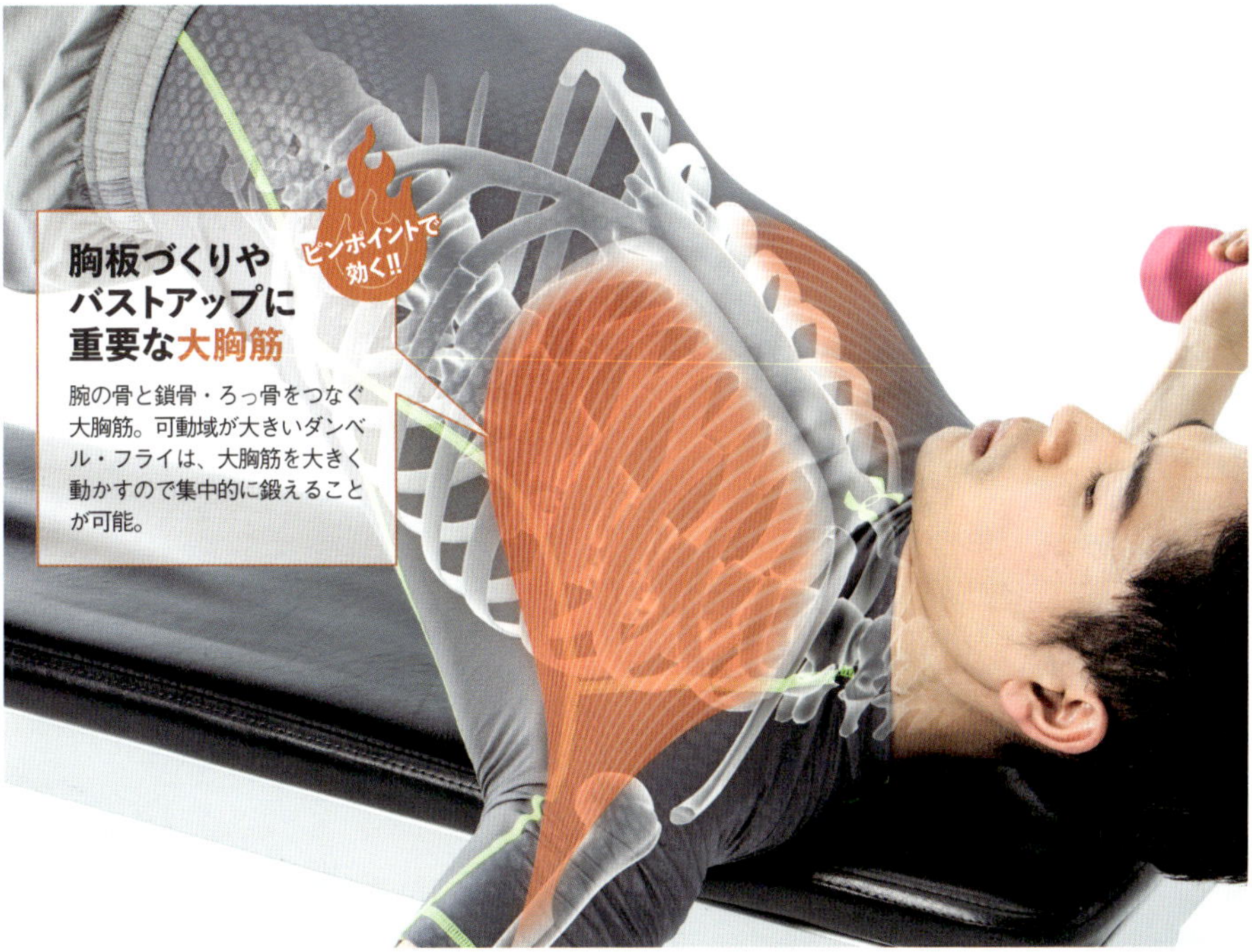

胸板づくりや バストアップに 重要な大胸筋

腕の骨と鎖骨・ろっ骨をつなぐ大胸筋。可動域が大きいダンベル・フライは、大胸筋を大きく動かすので集中的に鍛えることが可能。

肘の角度が重要。間違えると肩をケガする

肘の角度と下ろすときの軌道が重要です。肘から落とすのではなく、円を描くように下ろすのが正しい動きです。腕を下ろしきった位置で胸をしっかり張ることで、大胸筋に十分に負荷がかかります。下ろしたとき、肘が床に向いていないと肩の負担になります。

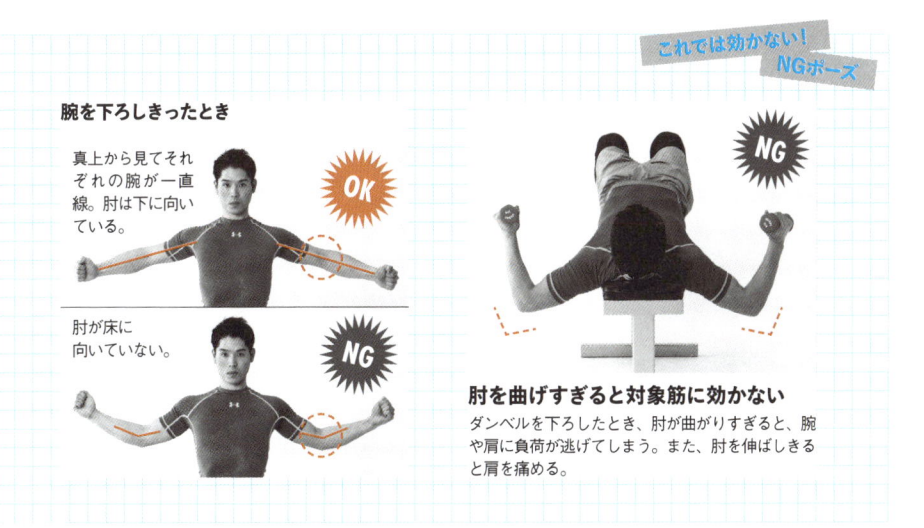

これでは効かない! NGポーズ

腕を下ろしきったとき

真上から見てそれぞれの腕が一直線。肘は下に向いている。

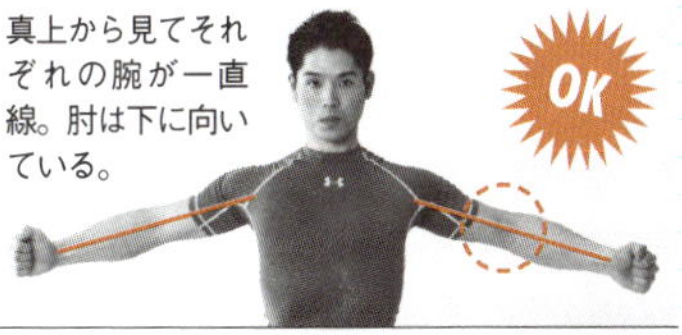

肘が床に向いていない。

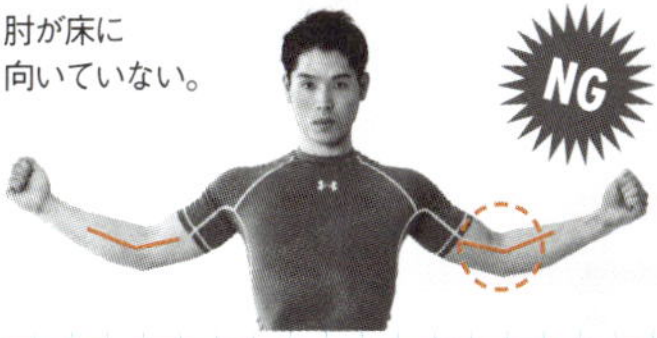

肘を曲げすぎると対象筋に効かない

ダンベルを下ろしたとき、肘が曲がりすぎると、腕や肩に負荷が逃げてしまう。また、肘を伸ばしきると肩を痛める。

胸
大胸筋に効く!

ダンベル・プレス

胸をストレッチさせるようにダンベルを下ろす

1 腰は浮かせて肩甲骨を広げダンベルを上げる

ダンベルを両手に持ち仰向けになり、やや腰を浮かし、肩甲骨は開いた状態でキープ。肘はやや曲げて、胸に負荷がかかっている状態にする。

ダンベルの持ち方

手は親指側に寄せてダンベルを持つ。

頭側から

ダンベルを下ろしたときは、やや胸のほうに落とすようにする。

2 腰を上げて肘を外側に広げ胸をストレッチ

腰を上げて肘を胸の真横に開いてダンベルを下ろし、胸を大きくストレッチし「1、2」と数える。

3 胸を張ったまま腰が落ちないように一気に上げる

2 の姿勢のまま、一気にダンベルを上げる。胸を張ったまま両足を踏ん張り、胸ごと上げるイメージで行ったら、**2**の姿勢に戻る。

DVD
手本編 1

トレーニングの目安
8〜12回
×3〜5セット

ダンベル1個の重さ
女性5〜8kg
男性10〜20kg

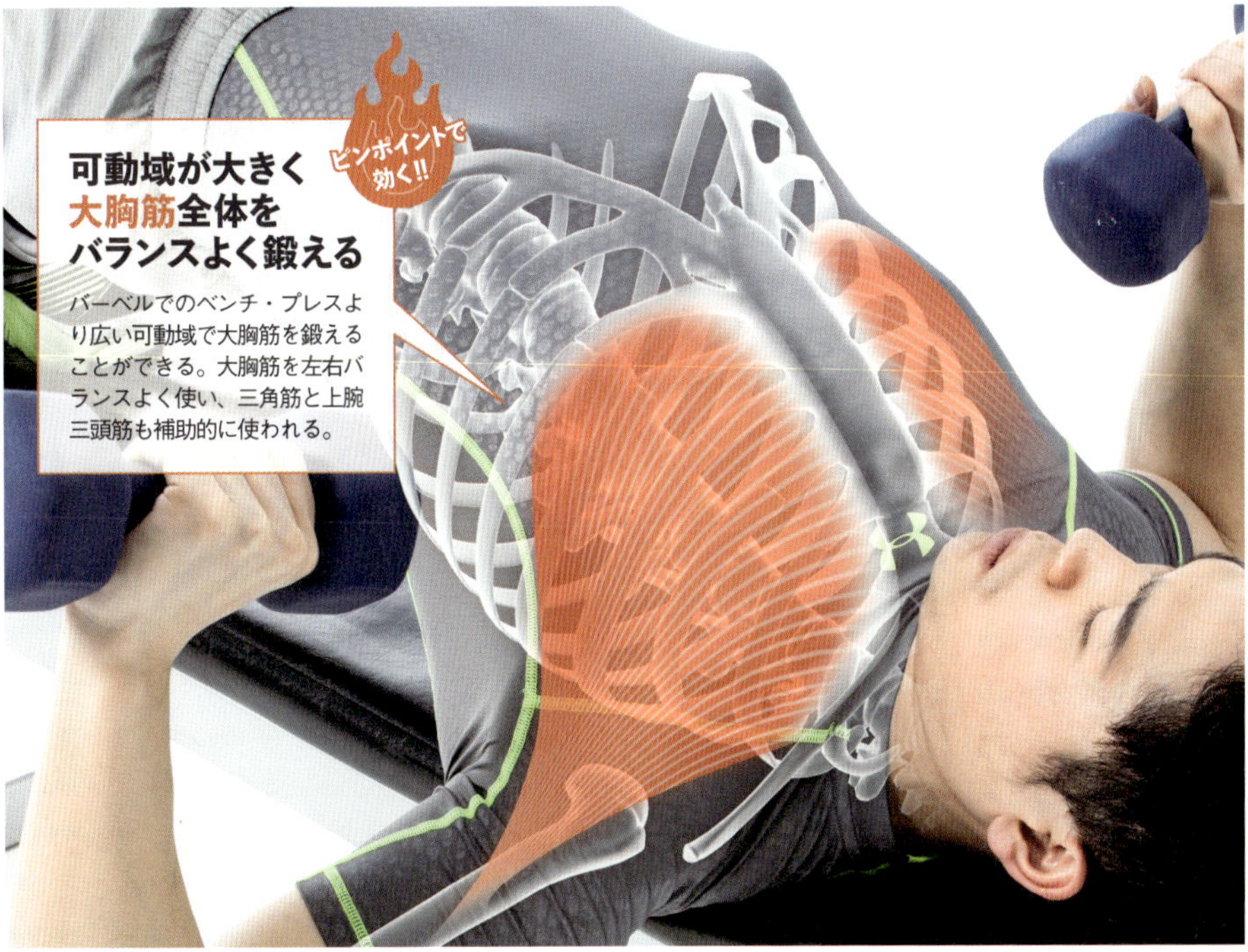

可動域が大きく大胸筋全体をバランスよく鍛える

バーベルでのベンチ・プレスより広い可動域で大胸筋を鍛えることができる。大胸筋を左右バランスよく使い、三角筋と上腕三頭筋も補助的に使われる。

ダンベルは直線的に下ろす

ダンベルを下ろすときの軌道がポイントです。円を描くようにすると肩が動き、ケガのリスクが高まります。肘が胸の真横にくるように直線で三角形を描くイメージで、できるだけ肘が遠くに開くように下ろします。同じ大胸筋を鍛えるダンベル・フライよりも倍以上の重さでできます。

これでは効かない！ NGポーズ

持ち上げるときに肩が上がる

上げきったところで肘が伸びきるのはNG。また、写真のように胸を張らない姿勢だと、肩が前に出てしまう。

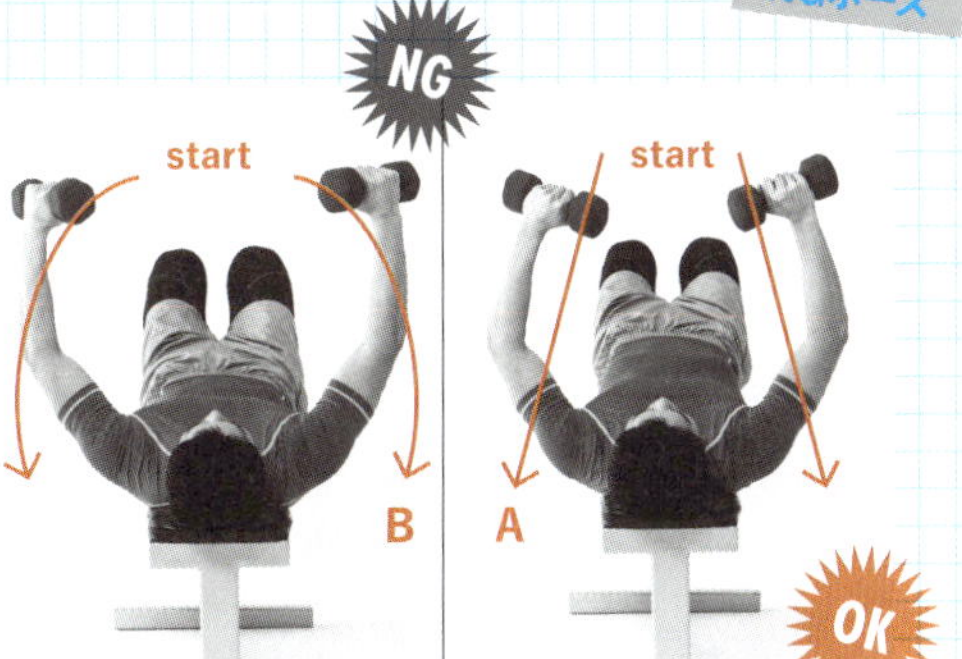

ダンベルを円を描くように下ろすのはNG

スタートポジションからダンベルを下ろすときの軌道は、円（B）ではなく三角形を描く（A）ようにする。

背中

広背筋に効く!

真上に引き上げず、お尻の方向へ引き上げる

ダンベル・ベント・オーバー・ローイング

DVD

手本編 1

女性 指導編

トレーニングの目安

8〜12回
×3〜5セット

ダンベル1個の重さ

女性3〜5kg
男性5〜10kg

1

お尻を後ろに引き肩を落としてダンベルを持つ

つま先近くにダンベルを置き、足は肩幅よりやや狭く開いて、ひざを緩めて前傾し、ダンベルを軽く持ち上げる。

ダンベルの持ち方

ダンベルは中央をしっかり持つ。

2

肩を上げずに円運動で肘を後方へ上げる

ダンベルを後方へ上げるので、体の重心を前に持っていきバランスをとる。持ち上げたら「1、2」と数え、上げたときと同じ軌道でダンベルを下ろす。

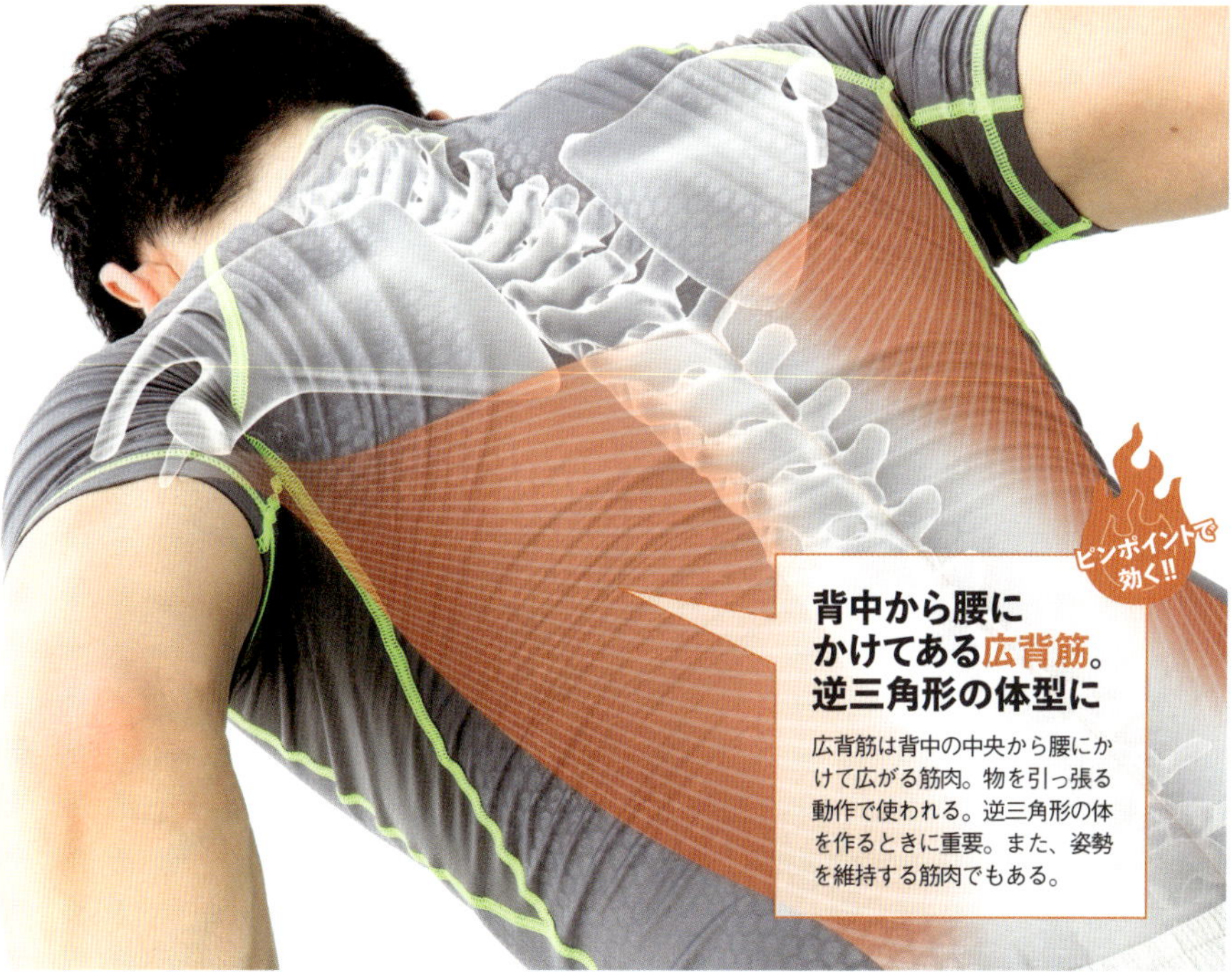

背中から腰にかけてある**広背筋**。逆三角形の体型に

広背筋は背中の中央から腰にかけて広がる筋肉。物を引っ張る動作で使われる。逆三角形の体を作るときに重要。また、姿勢を維持する筋肉でもある。

動作中は肩を下げきった状態で行うことが大事

ダンベルを上げるときは、腕の力で真上に引き上げようとせず、円運動で肘をお尻へ向かって上げます。このとき上体を前に突っ込むようにしてバランスをとります。下ろすときは同じ軌道でゆっくり戻し、肩を落としきり広背筋をストレッチ。

これでは効かない！NGポーズ

上体を動かすと腰に負担がかかる

ダンベルを上げるときに上体が上がってしまうと、腰に負担がかかる。上体を下に突っ込ませるようなイメージでダンベルを上げ、上体が上がるのを防ぐ。

ダンベルを腕で上げる

肘を真上に動かすと、肘が大きく曲がるため、腕の筋肉に負荷が逃げてしまう。

背中
広背筋に効く!

肩を上げず、肘をお尻の方向に引く
ワンハンド・ダンベル・ローイング

DVD
手本編 1
男性 指導編

トレーニングの目安
左右8〜12回ずつ
×3〜5セット

ダンベル1個の重さ
女性3〜5kg
男性5〜10kg

ダンベルの持ち方

ダンベルは中央をしっかり持つ。

1 肩を落として広背筋をしっかり伸ばす

右手、右ひざをベンチ台においで、左足はやや後ろに引き、左手にダンベルを持って、肩をしっかり落とす。

2 肩を上げないよう肘をできるだけ後方に引く

ダンベルを後方に引くため、上げるときは上体を前に突っ込ませる。戻すときは同じ軌道でゆっくりと戻す。反対側も同様に行う。

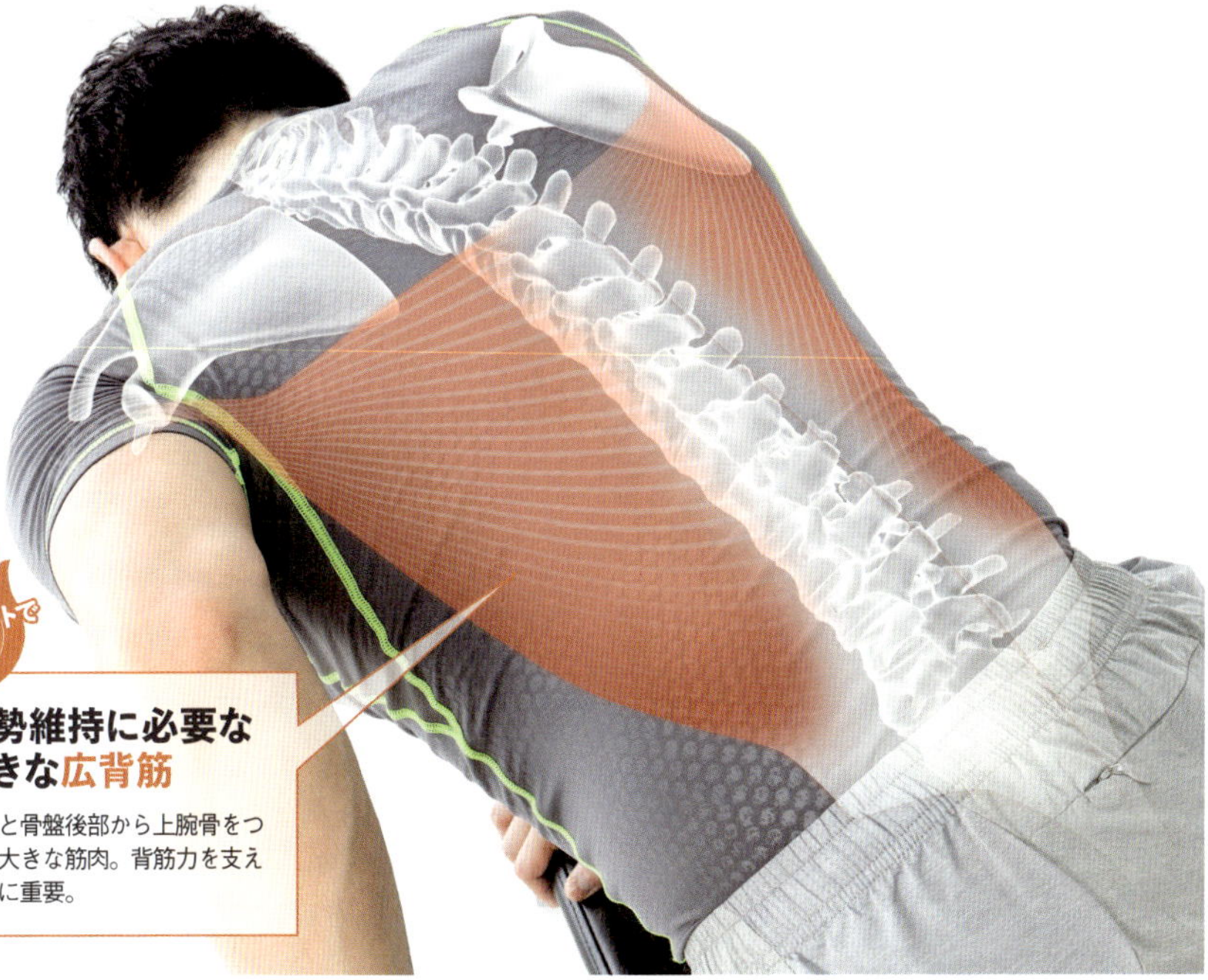

ピンポイントで効く!!

姿勢維持に必要な大きな広背筋

脊柱と骨盤後部から上腕骨をつなぐ大きな筋肉。背筋力を支えるのに重要。

肩は動かさず肘をお尻のほうに引くように

片手をベンチ台について行うので、腰への負担が少ない筋トレです。ダンベルを上げるときに、肩は上にも頭のほうにも動かないようにし、肘をお尻のほうに引くのがカギ。肩を動かすと肩や腕に負荷が分散してしまい、広背筋への効きが悪くなります。

これでは効かない! NGポーズ

体が開くと負荷が逃げる

ダンベルを上げるときに体が開いてしまうと広背筋に負荷がかからない。

腕の力でダンベルを上げる

ダンベルを上げるときに腕で上げないように。

背中
僧帽筋に効く!

ダンベル・シュラッグ
肩を落としきり、肩を最大限に引き上げる

1 肩は落としきり首は前に出してスタート

両足は肩幅に開き、両手にダンベルを持ち、太ももの斜め前におく。肘を外側に向けて脇がややあくようにし、首を前に出し、両肩をしっかり落とす。

ダンベルの持ち方

ダンベルは中央をしっかり持つ。

2 両肩を真上にしっかり上げる

両肩を真上に高く上げ、「1、2」と数えたら、ゆっくり戻して肩を落としきり**1**の姿勢に戻る。

DVD
手本編 1
男性 指導編
女性 指導編

トレーニングの目安
10〜12回×3〜5セット

ダンベル1個の重さ
女性4〜8kg
男性8〜15kg

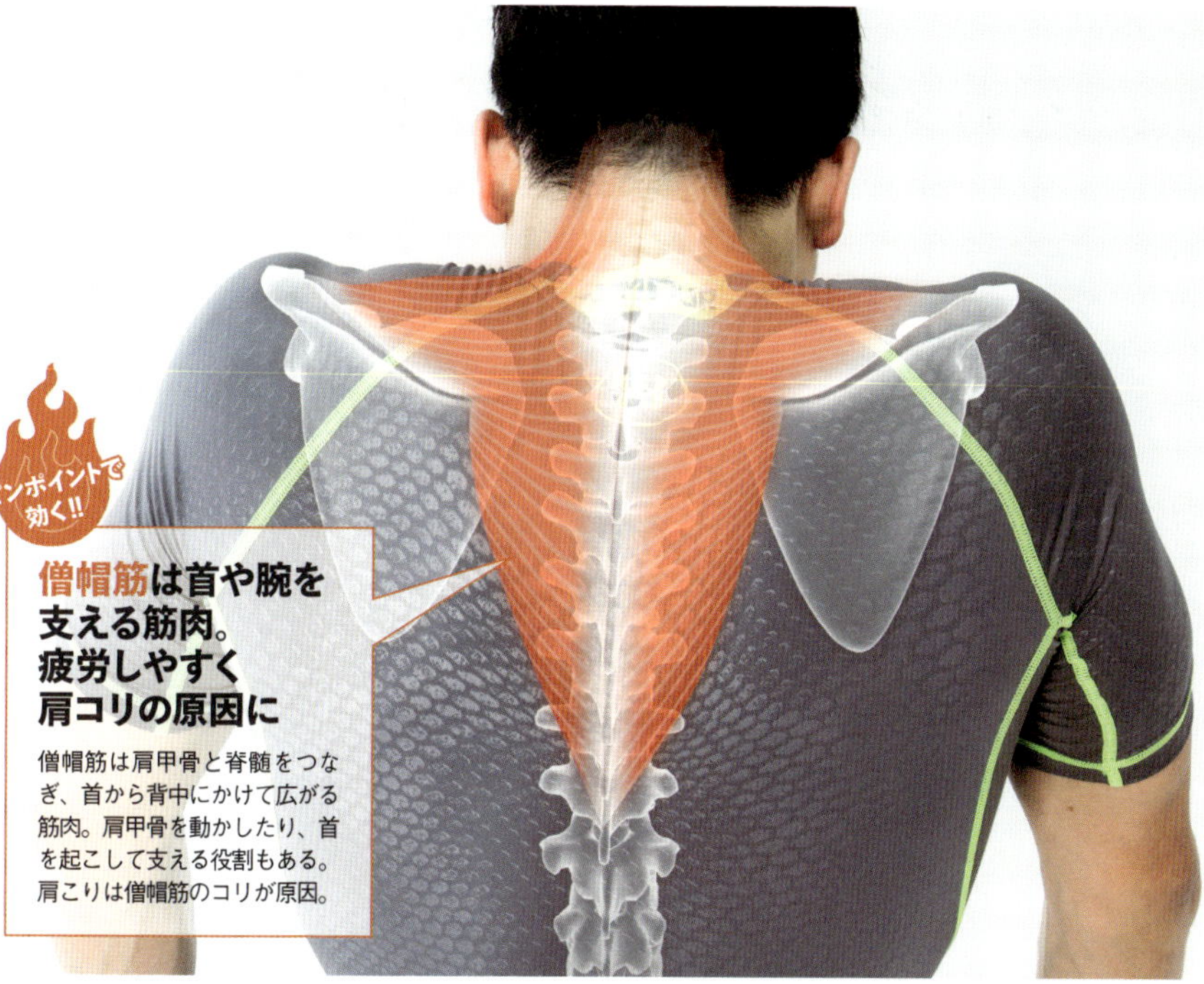

僧帽筋は首や腕を支える筋肉。疲労しやすく肩コリの原因に

僧帽筋は肩甲骨と脊髄をつなぎ、首から背中にかけて広がる筋肉。肩甲骨を動かしたり、首を起こして支える役割もある。肩こりは僧帽筋のコリが原因。

両肩を真上にしっかりと上げ最大限に収縮

肩をできるだけまっすぐ高く上げ、僧帽筋を最大限に収縮させましょう。肩が前や後ろにずれないようにすること。肩を落とすときは脱力ではなく、コントロールした動作でゆっくり落とし、僧帽筋がストレッチされるところまで下ろします。

これでは効かない！ NGポーズ

肘が伸びて脇が締まる

肩を上げたときに、肘が伸び脇が締まってしまうと、僧帽筋が収縮しづらくなる。

ダンベルを上げるとき腕を使う

ダンベルを上げるときに、腕を使って上げないようにする。肘は軽く曲げた状態から、それ以上曲げたり伸ばしたりしないように。

肩
三角筋に効く!

サイド・レイズ

肩は上げずに脇をあけるように外に開く

DVD
手本編 2
男性 指導編
合わせ技 トライ編

トレーニングの目安
**10〜12回
×3〜5セット**

ダンベル1個の重さ
**女性2〜3kg
男性3〜6kg**

1

肘はやや曲げ ダンベルを持ち、肩は落としきる

両手でダンベルを持ち、肘はやや曲げてわき腹の横にくるように。首を伸ばすイメージで両肩をしっかりと落としきる。

ダンベルの持ち方

ダンベルは中央をしっかり持つ。

脇の後ろ側を開いて
肘は下に向けないように

2

肘の軌道は わき腹の 延長線上に

肘をわき腹の延長線上に羽を広げるように上げ、脇の後ろ側を開き床と平行になるくらいまで腕を上げて止める。「1、2」と数えたらゆっくりと同じ軌道で下ろす。上げたときに肘がわずかでも下に向かないようにする。

肩幅を広くするために効果的な筋トレです。肘をやや曲げ、両脇をあけた状態を維持することで、三角筋へ負荷がしっかりかかります。肩が上がってしまうとダンベルの負荷が僧帽筋に逃げてしまいます。

ピンポイントで効く!!

肩を覆う三角筋。可動域が広く腕の動きを生む

肩を覆うのが三角筋で、腕をあらゆる方向に動かすときに使う筋肉。鎖骨側、上腕骨につく中央部、肩甲骨側があり、中央部が主に強化される。

肩が上がると三角筋に効かない

これでは効かない！NGポーズ

肘が前や後ろにいってしまう

ダンベルを上げたときに肘が後ろにいったり、前にいったりしないこと。肘がわき腹の延長線上にくるようにする。

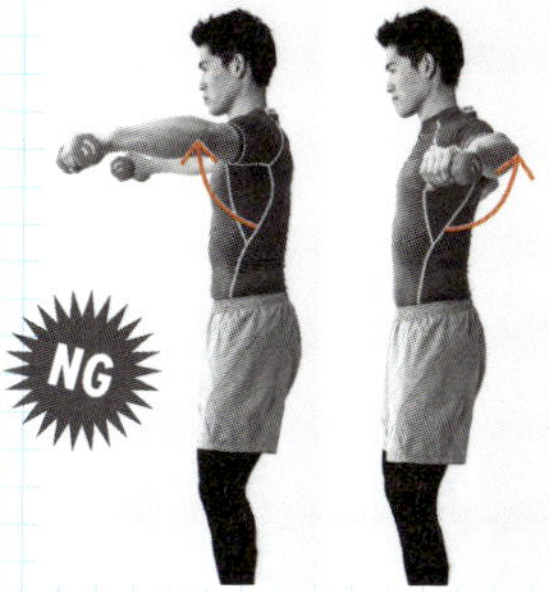

肩が上がってしまう

ダンベルを上げるときに肩が上がらないようにする。

肩
三角筋に効く!

ダンベルの真下に肘がくるように上げ下げする

ダンベル・ショルダー・プレス

DVD
手本編 2
女性 指導編
合わせ技 トライ編

トレーニングの目安
8〜12回
×3〜5セット

ダンベル1個の重さ
女性3〜4kg
男性5〜11kg

1

肘は伸ばしきらず ダンベルを頭上に 持ち上げる

足は肩幅に開き、ダンベルを両手に持って頭上に上げ、肘は横に向ける。

ダンベルの持ち方

手は親指側に寄せてダンベルを持つ。

2

ダンベルは肩で担ぎ 肘は真下に向け 肩を落としストレッチ

ダンベルが円を描くように下ろして肩を落とす。しっかりと肩がストレッチされた場所で負荷を両肩で受け止めたら、落とした両肩を上げるようにして、**1**の姿勢に戻す。

強い負荷で三角筋全体をバランスよく鍛える

サイド・レイズよりも広い範囲の筋肉を使うため、重い重量を上げることができる。三角筋全体をバランスよく鍛えられ、肩のラインが引き締まる。

スタートからフィニッシュまでの肘の位置に注意

肘の位置が大切です。ダンベルを下ろすときに、肘が後ろに逃げてしまったり、下ろしたときに脇が締まると三角筋から負荷が逃げてしまいます。肩でダンベルを担ぐようにすると、三角筋にしっかりと負荷がのりやすくなります。

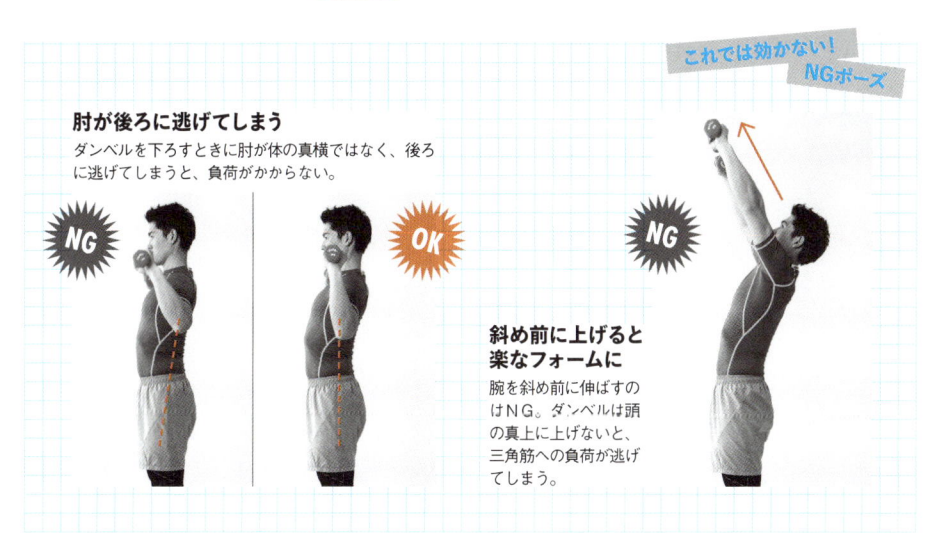

これでは効かない！ NGポーズ

肘が後ろに逃げてしまう

ダンベルを下ろすときに肘が体の真横ではなく、後ろに逃げてしまうと、負荷がかからない。

斜め前に上げると楽なフォームに

腕を斜め前に伸ばすのはNG。ダンベルは頭の真上に上げないと、三角筋への負荷が逃げてしまう。

上腕

上腕三頭筋に効く!

肘を支点にダンベルを上げ下げする

ダンベル・ワンハンド・フレンチ・プレス

DVD

手本編 2
女性 指導編

トレーニングの目安
左右10～12回ずつ×3～5セット

ダンベル1個の重さ
女性3～4kg
男性5～8kg

1

ダンベルの持ち方

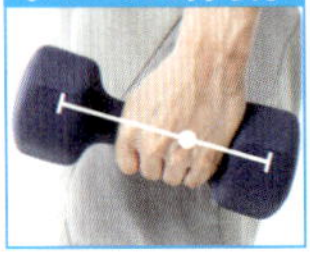

手は小指側に寄せてダンベルを持つ。

ダンベルを持って片手を上げ腕は顔から離す

足は肩幅に開き、ダンベルを持った片手を上げ、腕は顔から離す。手のひらは正面に向ける。

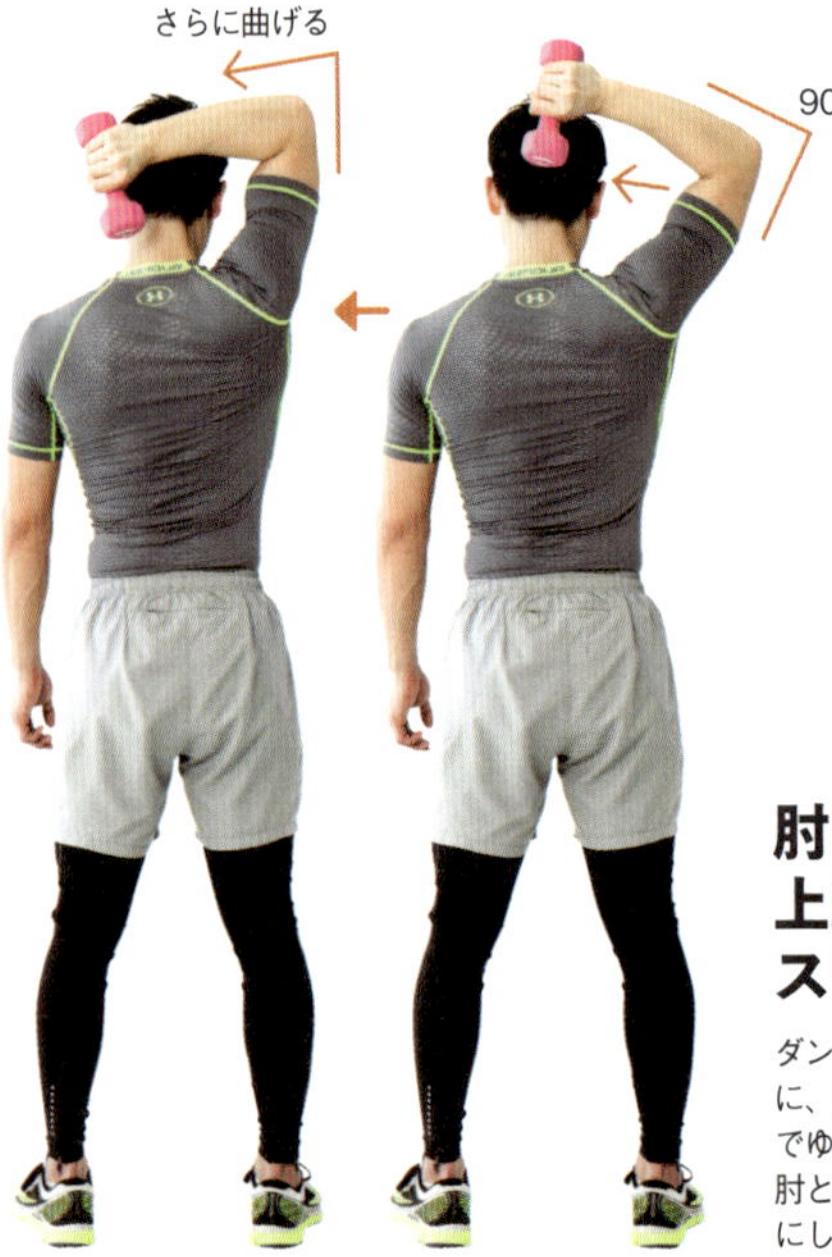

2

肘を直角に曲げて上腕三頭筋をストレッチ

ダンベルが頭の中心を通るように、肘が90度になるくらいまでゆっくり曲げる。ダンベルを肘と反対側へ軽く押し出すようにし、上腕三頭筋をストレッチさせたら、肘をさらに曲げる。

3

肘を支点に上げ肘を伸ばしきらない

肘を支点にして、小指側のダンベル面を天井に向けるようにして上げ、同じ軌道で**1**の姿勢に戻す。反対側も同様に行う。

ダンベルを持ち上げるときに、もう片方の手を手首に添えサポートする。

ダンベルを頭の中心に下ろしたときは、肘の角度は90度。それ以上曲げると肘に負担がかかります。90度まで曲げたら脇をあけるように肘をスライドさせ、上腕三頭筋をストレッチ。この位置では肘を90度以上曲げても安全なので、負荷をより高めるために肘をさらに曲げます。上げるときは、肘を支点に動かします。

ピンポイントで効く!!

3つの筋肉からなる
上腕三頭筋。
二の腕の
たるみを防止

腕の筋肉の2/3を占め、3つの筋肉（外側頭《がいそくとう》、内側頭《ないそくとう》、長《ちょう》頭《とう》）からできている。上腕三頭筋が弱くなると、二の腕のたるみにつながる。

ストレッチ後さらに曲げるのがポイント

これでは効かない！ NGポーズ

体が逃げると負荷がかからない

ダンベルを上げるときに、上体を横にスライドして離れてしまうのはNG。

肘の曲げすぎは負担になる

肘が落ちてダンベルが体から離れたまま動かしてしまうと、肘に負担がかかる。ダンベルは頭の中心を通るようにする。

上腕

上腕三頭筋に効く!

下ろしたときに上腕三頭筋をストレッチさせる

ライイング・トライセプス・エクステンション

DVD

手本編 2
男性 指導編

トレーニングの目安

8〜12回
×3〜5セット

ダンベル1個の重さ

女性4〜6kg
男性6〜10kg

1 ダンベルは八の字に持ち肩上にくるように両手を伸ばす

ダンベルを両手に持ち、ベンチ台に仰向けになり、両手を伸ばす。ダンベルはやや八の字にし、肘は軽く曲げておく。

ダンベルの持ち方

手は小指側に寄せてダンベルを持つ。

2 肘を支点にしてダンベルから先に動かす

肘を支点にしてダンベルを頭上に向けてゆっくりと脇をあけながら下ろす。上腕三頭筋をストレッチさせ、ダンベルの負荷を受け止めたら、肘を支点にして上げ始め、自然と**1**の姿勢に戻る。

郵便はがき

おそれいりますが
切手をお貼り
下さい

1 0 4 - 8 0 1 1

東京都中央区築地
5−3−2

株式会社
朝日新聞出版
生活・文化編集部
行

ご住所　〒 電話　　（　　　）		
ふりがな お名前		
Eメールアドレス		
ご職業	年齢 歳	性別 男・女

このたびは本書をご購読いただきありがとうございます。
今後の企画の参考にさせていただきますので、ご記入のうえ、ご返送下さい。
お送りいただいた方の中から抽選で毎月10名様に図書カードを差し上げます。
当選の発表は、発送をもってかえさせていただきます。

愛読者カード

お買い求めの本の書名

お買い求めになった動機は何ですか？（複数回答可）

1. タイトルにひかれて　2. デザインが気に入ったから
3. 内容が良さそうだから　4. 人にすすめられて
5. 新聞・雑誌の広告で（掲載紙誌名　）
6. その他（　）

表紙　1. 良い　2. ふつう　3. 良くない
定価　1. 安い　2. ふつう　3. 高い

最近関心を持っていること、お読みになりたい本は？

本書に対するご意見・ご感想をお聞かせください

ご感想を広告等、書籍のPRに使わせていただいてもよろしいですか？

1. 実名で可　2. 匿名で可　3. 不可

ご協力ありがとうございました。
尚、ご提供いただきました情報は、個人情報を含まない統計的な資料の作成等に使用します。その他の利用について詳しくは、当社ホームページ http://publications.asahi.com/company/privacy/ をご覧下さい。

大きな筋肉である
上腕三頭筋は
太い腕を作る

上腕三頭筋をよりストレッチさせて強くする。太い腕はこの筋肉が発達している証拠。

初動で肘が動くのは楽なフォーム。肘にも負担大

下ろすときも上げるときも、肘を固定して肘を支点にして動かし始めます。肘が動いてしまうのは楽なフォームです。効果は落ち、肘への負担も大きくなります。運動全体を通して上腕三頭筋を意識することが肝心です。

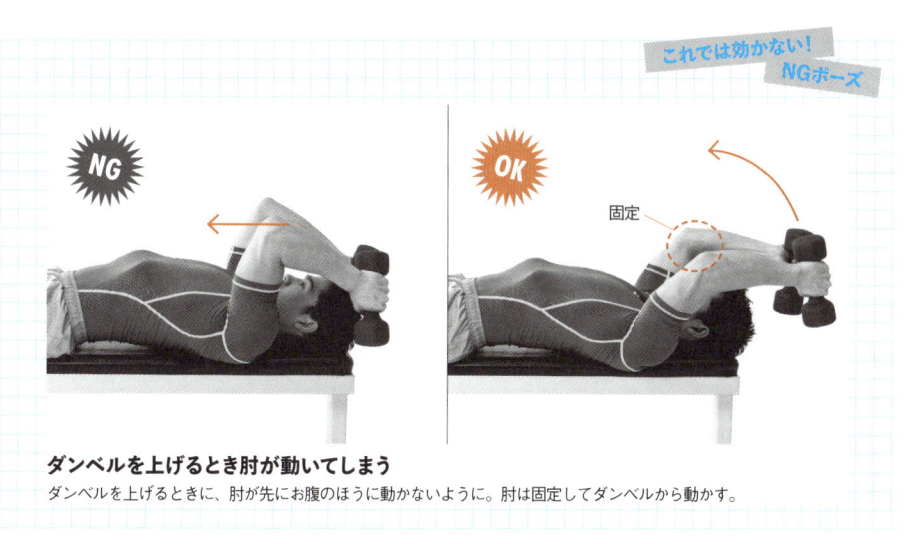

これでは効かない! NGポーズ

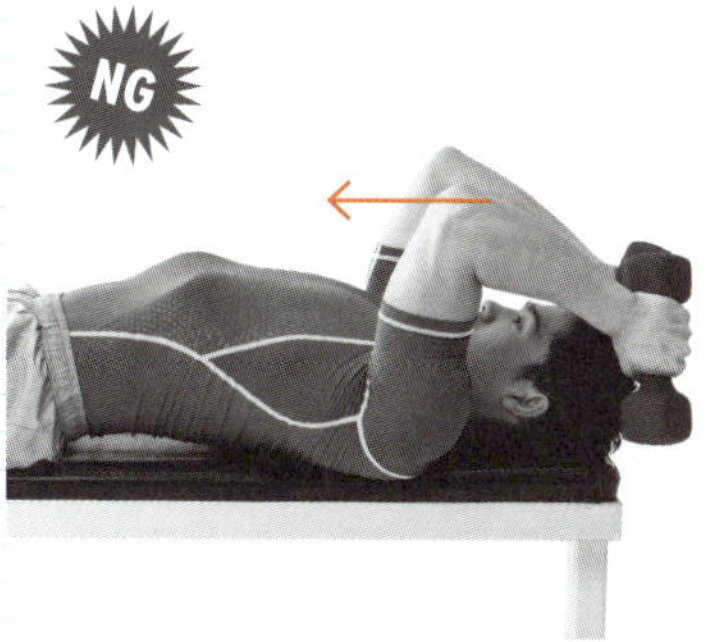

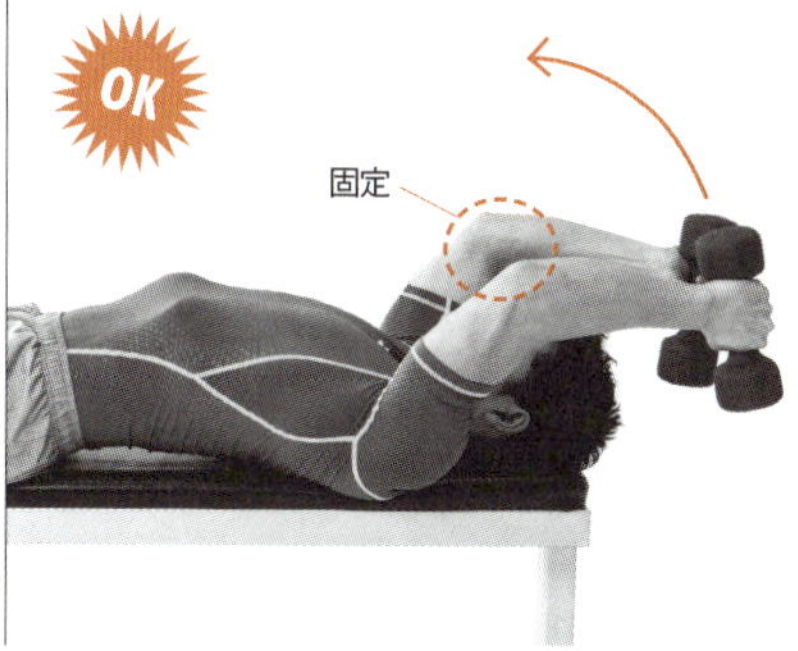

ダンベルを上げるとき肘が動いてしまう

ダンベルを上げるときに、肘が先にお腹のほうに動かないように。肘は固定してダンベルから動かす。

上腕

上腕二頭筋に効く!

肩を落としきった状態で上げ下げする

ダンベル・カール

DVD

手本編 2
女性 指導編

トレーニングの目安

8〜12回
×3〜5セット

ダンベル1個の重さ

女性4〜6kg
男性6〜12kg

1

肘はやや曲げ 少しだけ前に出し 肩は落としきる

足は肩幅よりやや狭く開き、手のひらを正面に向けてダンベルを持ち、脇を締め、肩を落としきる。

ダンベルの持ち方

ダンベルは中央をしっかり持つ。

真横から

肘はやや曲げる

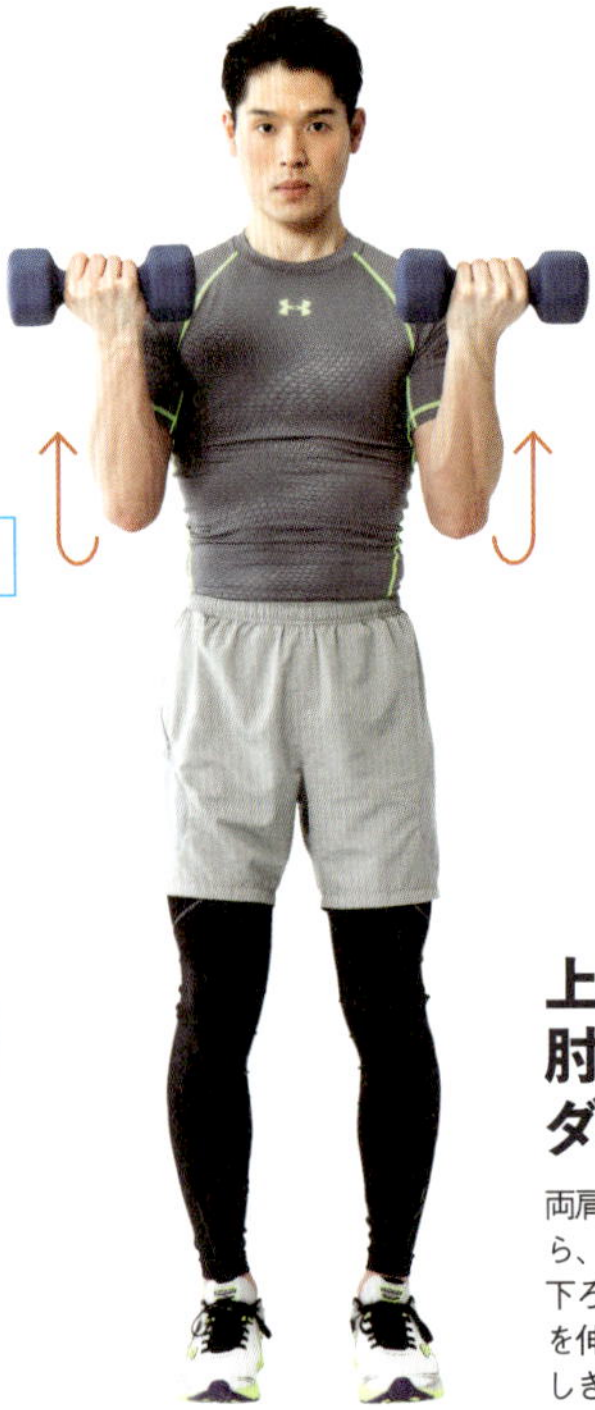

真横から

肘を支点にして曲げる

2

上体はぶれないように 肘を支点にして ダンベルを上げ下げ

両肩が落ちきった状態を確認してから、肘を支点にダンベルを上げる。下ろすときはゆっくりと動かし、肘を伸ばしきる手前で止め、肩を落としきる。

**上腕二頭筋は
引く力を生む。
力こぶの筋肉**

力こぶをつくる筋肉である上腕二頭筋が鍛えられる。前腕から肩甲骨へつながり、肘を曲げたり、前腕をねじるときに使われる。

**肩や体の反動で
ダンベルを上げない。
下ろすときも
ゆっくりと**

体の反動を使って上げないこと。ダンベルを上げすぎて、担ぎ上げる形になると楽になるので、負荷が緩まない位置で止めます。また、肩が上がると上腕二頭筋への負荷が逃げてしまうので、しっかりと肩を落としきることを意識します。

**これでは効かない!
NGポーズ**

上体を使ってダンベルを上げる

ダンベルを上げるときに上体が後ろに反り、その反動で担ぎ上げてしまうと、楽になるだけではなく、腰への負担もかかるので注意。

肘を後ろに引いてしまう

上げ始めにわずかでも肘を後ろに動かすと、楽なフォームになり負荷が逃げてしまう。

上腕

上腕二頭筋に効く!

肩を動かさずダンベルを上げたらキープ
ハンマー・カール

1 手は内側に向け 肘を軽く曲げ 肩はしっかり落とす

手のひらを内側に向けて両手にダンベルを持つ。肘は少し曲げて脇はややあけ、体は少しだけ前傾させ肩をしっかり落とす。

ダンベルの持ち方

手は親指側に寄せてダンベルを持つ。

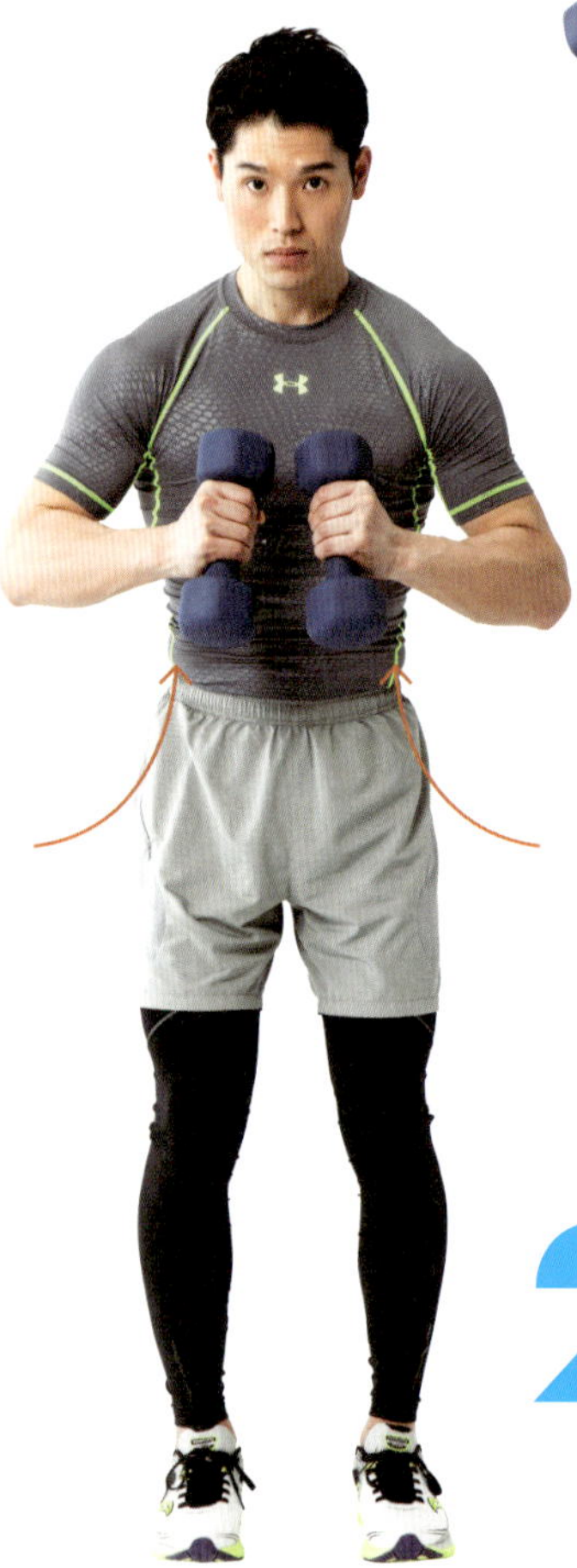

2 肩は下げたまま ダンベルを 上げたらキープ

肩を上げないように体の正面にダンベルを上げて2〜3秒キープ。上げたときと同じ軌道でゆっくり下ろす。

DVD
手本編 2
男性 指導編

トレーニングの目安
8〜12回
×3〜5セット

ダンベル1個の重さ
女性4〜6kg
男性6〜12kg

上腕二頭筋と腕とう骨筋を強化

上腕二頭筋と、前腕の腕とう骨筋を強化。腕とう骨筋は、手首を縦にして動かしたり、前腕をねじるときに強く働く。

肩は落として肘の位置は固定。上腕筋を意識する

ダンベルを縦に持ち、肘の位置を固定して肩が上がらないように。ダンベルを上げるときにどうしても肩が上がってしまう場合は、ダンベルをいったん上まで持ち上げてから両肩をしっかり落として2～3秒キープ。

これでは効かない！ NGポーズ

NG 肘を後ろに引く
ダンベルを上げ下げするときに肘を引くと、負荷が逃げてしまう。

NG 肩が上がってしまう
ダンベルを上げるときに、肩が上がってしまうと対象筋に効かない。

PART2 ｜ 筋トレ実践ドリル

お腹

腹直筋に効く!

背中を丸めるように腹直筋を収縮させる

ダブル・クランチ

1 尾てい骨と両肩は上げ頭が動かないよう手で固定する

仰向けになり、尾てい骨と両肩を上げ、腹筋に少し力が入った状態をつくる。頭が動かないように額に手を当てて固定。

2 骨盤を上げると同時に上体も起こし腹直筋を収縮

下腹部の力で骨盤を浮かせるように上げ、同時に上体は背中を丸めるようにして上げる。腹筋が最大収縮したところで「1、2」と数え、ゆっくりと**1**の姿勢に戻る。戻したときに尾てい骨と肩はベンチ台につけない。

上体が上がらない場合は両手を太もも裏において補助する。

DVD

手本編 2
男性 指導編
合わせ技 トライ編

トレーニングの目安

10〜15回
×3〜5セット

お腹の表面にある腹直筋を強化。腹部を引き締める

胸からお腹の前面に広がる腹直筋は、幾層にも重なる腹筋群のひとつ。縦に広がる腹直筋の上部と下部を鍛える。たるんだお腹を引き締めるために重要。

ピンポイントで効く!!

腹直筋を収縮させる。その結果自然に頭と脚が近づく

反動や脚の力を一切使わず腹直筋を収縮させるのが目的です。背中を丸めるように上体を上げ、同時に骨盤も引き上げるようなイメージで行います。勢いをつけずにゆっくり丁寧に行い、動作中は頭が動かないようにしましょう。

これでは効かない！ NGポーズ

あごが上がると首の負担になる

あごが上下に動くと、首に負担がかかる。首は動かさず頭の位置は一定に保つ。頭が重いという人は、頭の後ろに手を添えてもよいが、動作中にあごを引いたりして頭を動かさないように。

脚が動いてしまう

脚を動かしているだけで腹筋は動いていない。腹筋を収縮させるのに大きなアクションは必要ない。

お腹

腹斜筋
に効く!

腹筋を収縮した状態でひねりを加える

ツイスト

1

スタートは上体を上げ腹筋を収縮させた状態

両脚を上げて、あらかじめ上体を持ち上げ腹筋に負荷をかけておく。両手は上げて広げる。

2

上体を上げたまま左右にひねる

上体をひねるときに、ひねったほうのももの付け根を近づけ、逆の脚を下ろす。反対側も同様に行う。

DVD

手本編 2
男性 指導編
合わせ技 トライ編

トレーニングの目安

左右10回ずつ×3〜5セット

ひねりの動きでわき腹にある腹斜筋を強化

ピンポイントで効く!!

腹斜筋はわき腹部分にある筋肉で、外腹斜筋と内腹斜筋の2つがある。腹斜筋は腹直筋の動きを助ける。引き締まったウエストづくりに重要。

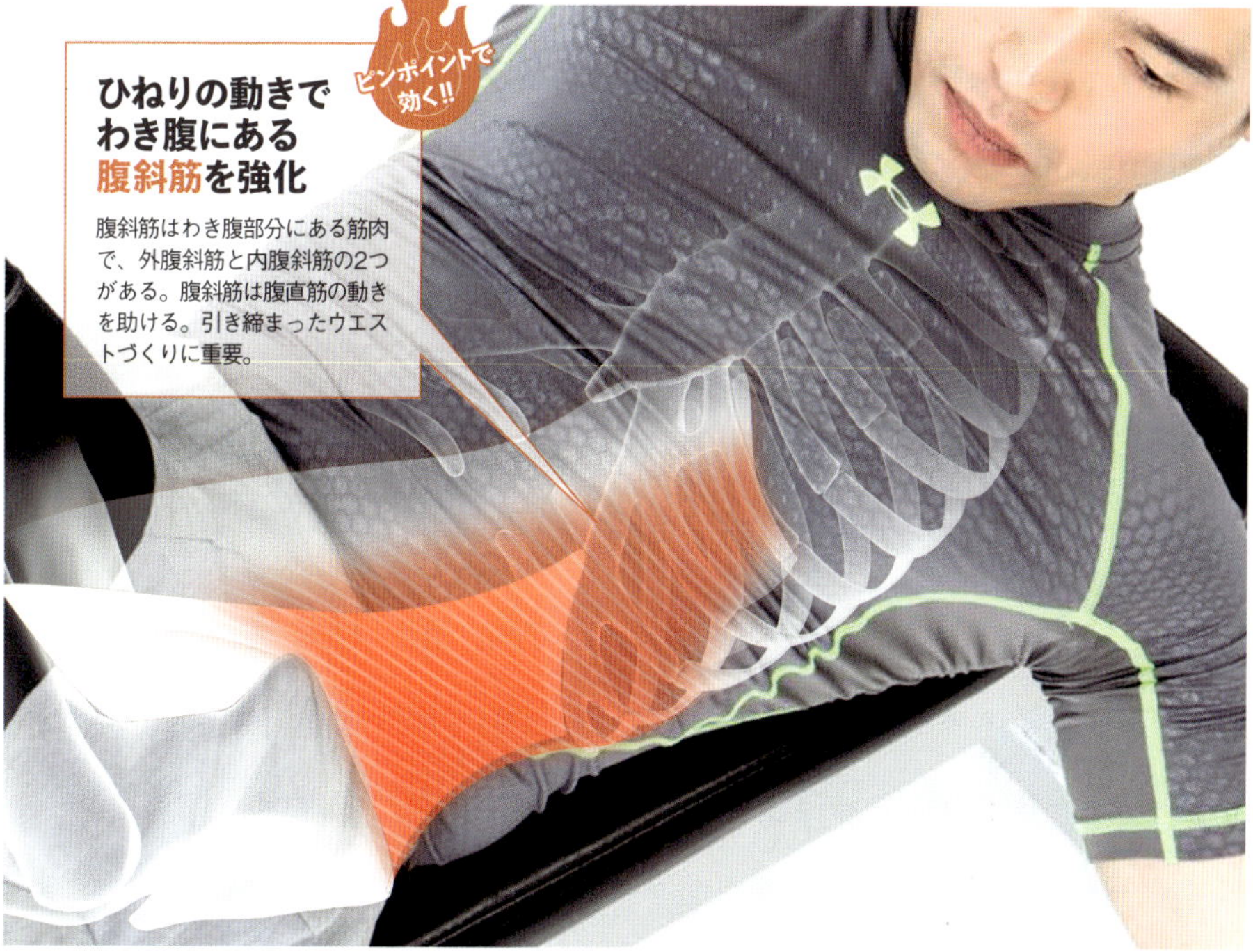

腹筋への負荷が高い種目なので丁寧に行おう

腹筋に負荷をかけた状態で体をひねるので、かなりきつい種目です。左右の脚を自転車のペダルをこいでいるように動かすことで、下腹部への負荷を高めます。手足だけを動かしたり、肩がベンチ台についてしまうと腹筋に負荷がかかりません。

これでは効かない! NGポーズ

肩がつくと腹筋に効かない

肩がついてしまうと、腹筋が収縮せず負荷がかからない。

体をひねっていない

骨盤まで左右にぶれると適切な負荷がかからない。骨盤は上体をねじった方向についていかないように。

お腹

外腹斜筋に効く!

体を真横に倒し、わき腹を最大限に伸ばす

サイド・ベント

DVD

手本編 2
女性 指導編

トレーニングの目安
左右10〜12回ずつ ×3〜5セット

ダンベル1個の重さ
**女性5〜10kg
男性10〜15kg**

1 片手にダンベルを持ち もう片方の手は頭に 肘は真横に向ける

足は肩幅程度に開いて、右手にダンベルを持ち、背筋を伸ばして立つ。左手は後頭部に添え、脇はあける。

ダンベルの持ち方

ダンベルは中央をしっかり持つ。

2 体を横に倒して わき腹を伸ばし 片足に重心を

ダンベルを下ろして左わき腹を伸ばし、右足に重心をかけ「1、2」と数えたら、**1**の姿勢にゆっくりと戻る。反対側も同様に行う。

わき腹は痛いくらいに最大限に伸ばすことが肝心。外腹斜筋に十分な負荷をかけるには、ダンベルを持たないほうの肘は真横に広げ、しっかり脇をあけること。また、横に倒したときにはダンベルを持っているほうの足に重心をかけます。

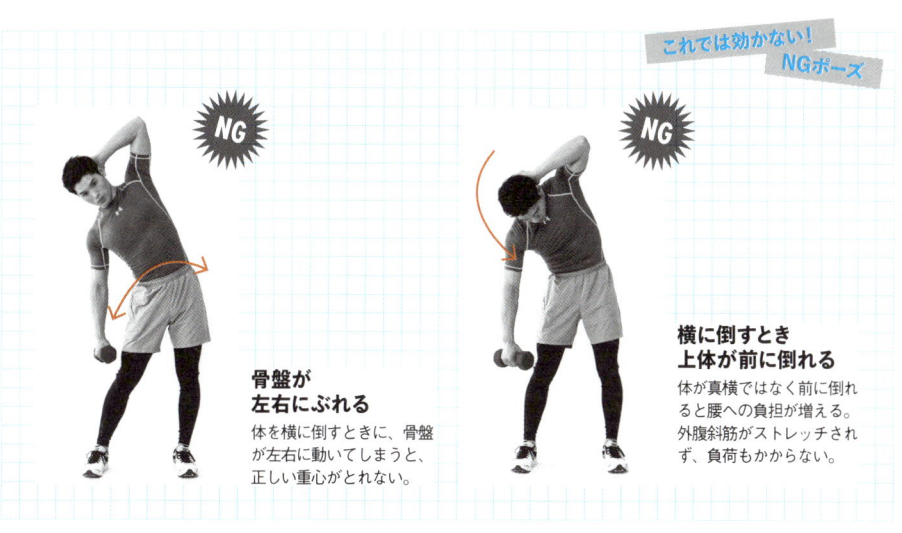

骨盤が動くと
重心がぶれて
負荷が逃げる

わき腹筋である
外腹斜筋を
伸ばして鍛える

外腹斜筋は、ろっ骨の外側から骨盤に向かって斜めについている筋肉。内腹斜筋と一緒に働く。お腹やウエストを引き締めるときに重要。

これでは効かない！ NGポーズ

骨盤が左右にぶれる

体を横に倒すときに、骨盤が左右に動いてしまうと、正しい重心がとれない。

横に倒すとき上体が前に倒れる

体が真横ではなく前に倒れると腰への負担が増える。外腹斜筋がストレッチされず、負荷もかからない。

お腹

腹直筋に効く!

下腹部の筋肉を使い、お尻を上げる ヒップ・レイズ

DVD

手本編2

トレーニングの目安

10〜12回
×3〜5セット

1

仰向けになり両脚を上げて尾てい骨を浮かす

仰向けになって両手でベンチ台の下をつかみ、両脚を上げて軽く組み、尾てい骨を浮かせておく。

2

肩甲骨はベンチ台につけゆっくりと骨盤を持ち上げる

ゆっくりとお尻を真上に上げるように骨盤を持ち上げ、「1、2」と数えたら、**1**の姿勢に戻す。

ピンポイントで効く!!

腹直筋の中でも下部の筋肉を強化。下腹の引き締めに

骨盤を持ち上げるときに特に強く働く、腹直筋の下部を鍛える。下腹部は意識しないと鍛えにくく脂肪がつきやすい部位。下腹の引き締めにも重要。

持ち上げるときに息を吐き、お腹を凹ますと効き目アップ

骨盤を真上に持ち上げ、肩甲骨がベンチ台から離れないことがポイント。下腹部を伸ばすよう意識してお尻をゆっくりと真上に持ち上げるイメージ。下ろすときも同じ軌道でゆっくりと下ろし、尾てい骨はベンチ台に付けないこと。

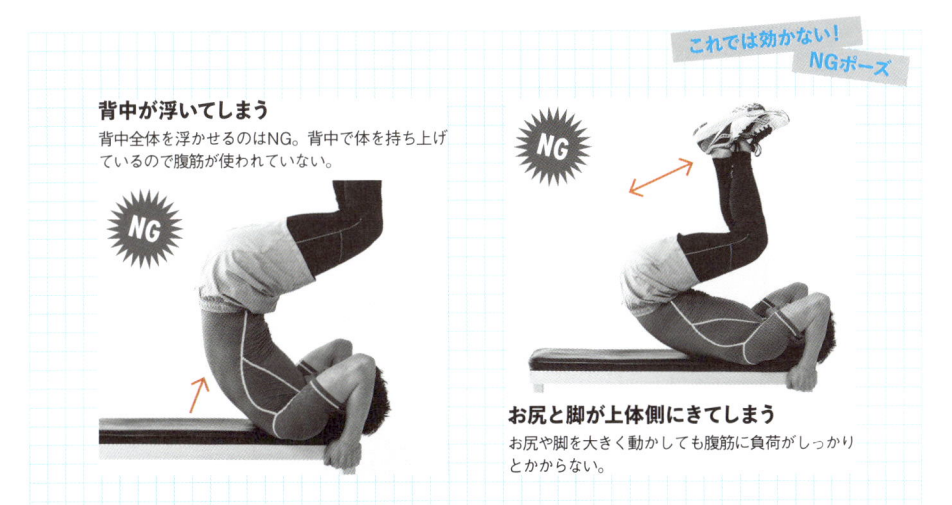

これでは効かない！ NGポーズ

背中が浮いてしまう

背中全体を浮かせるのはNG。背中で体を持ち上げているので腹筋が使われていない。

お尻と脚が上体側にきてしまう

お尻や脚を大きく動かしても腹筋に負荷がしっかりとかからない。

上級編

お腹

腹直筋に効く!

ボディ・アーチ

腹筋力をさらに高める高負荷の筋トレ

DVD
手本編2

トレーニングの目安
10〜12回

1

背中は持ち上げず下腹部を丸めてお尻を上げる

仰向けになり両手でベンチ台の下を持つ。両脚は上げて軽く組み、下腹部を丸めてお尻を浮かす。

2

ブリッジするように両脚を下ろし床にはつけずキープ

ブリッジして反るように両脚を床に近づけていく。お尻がベンチ台につく直前で止める。

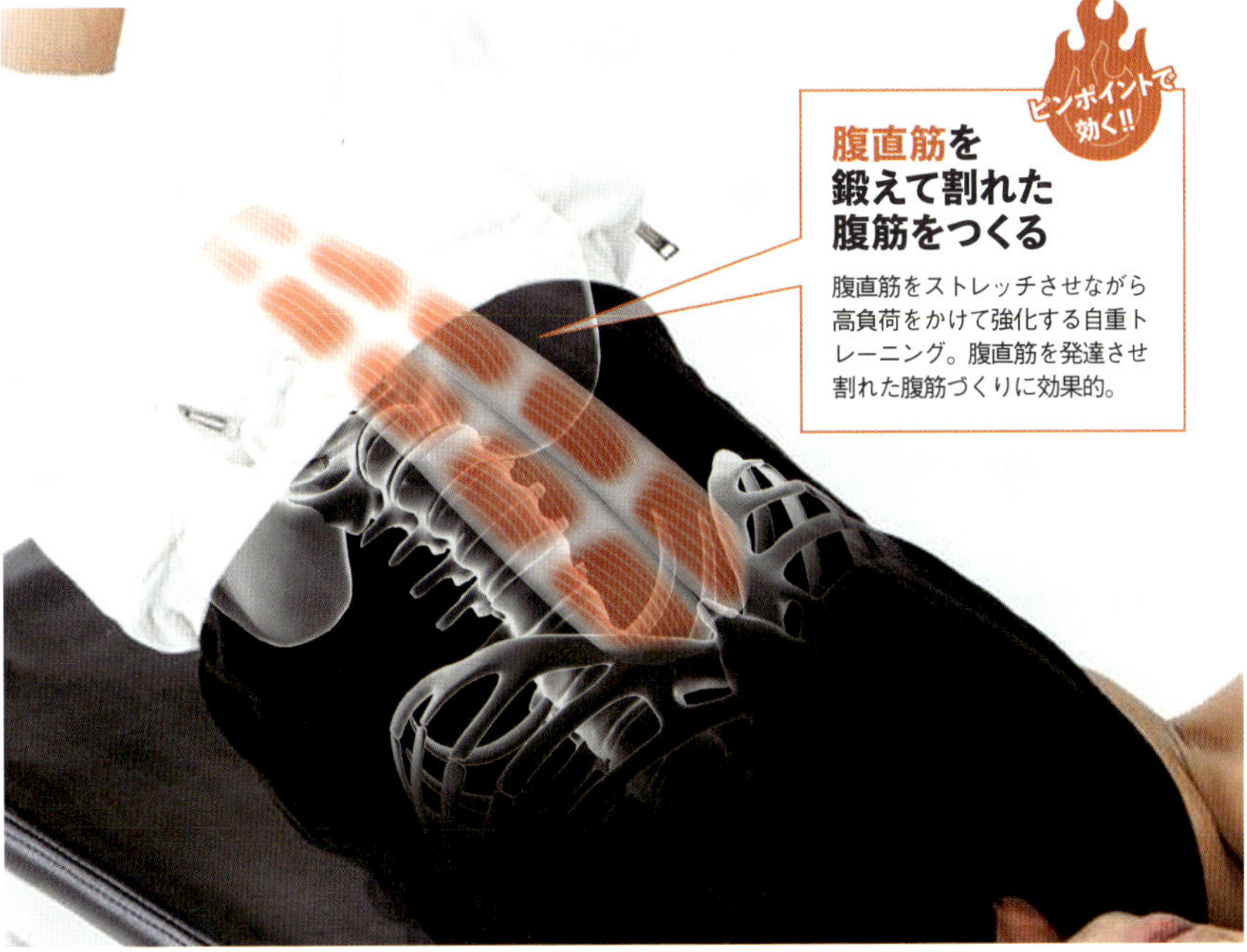

ピンポイントで効く!!

腹直筋を鍛えて割れた腹筋をつくる

腹直筋をストレッチさせながら高負荷をかけて強化する自重トレーニング。腹直筋を発達させ割れた腹筋づくりに効果的。

腹筋力をつけて取り組みたい難易度の高い種目

収縮系が多い腹筋種目の中では珍しいストレッチ系の種目。高負荷で難易度は高いが、筋破壊を起こしやすく高い効果がのぞめます。最初は反る角度が浅くてもよいので、練習して筋力を高めましょう。

これでは効かない！NGポーズ

背中で体を持ち上げる

肩甲骨がベンチ台につかず背中を浮かせてしまうのは楽なフォーム。背中で体を持ち上げているだけで、腹筋は使われていない。

Report

吉川メソッドの筋トレ

キツイけど効果あり！…ってホント？

ダブル・クランチなんて腹筋の初歩！
よゆう～よゆう～
何百回でもできるんだぞ、俺ってすごい！
回数がこなせる楽なフォームは
間違っている
背中を丸めて、腹筋だけ縮めて！
はい、肩甲骨はつけたら効果なし！
はい、腰を上に上げて、腹筋の上と下に力が入るようにして。

きついけど効果あり！と評判の吉川メソッド。スポーツ経験もあり、筋トレも定期的に実践しているという一般モデルが、吉川メソッドを初体験。量より質の正しい筋トレ法を学んでみると……正しいと思っていたフォームは、あらら、大間違い！

※体験は「指導編」としてDVDに収録。

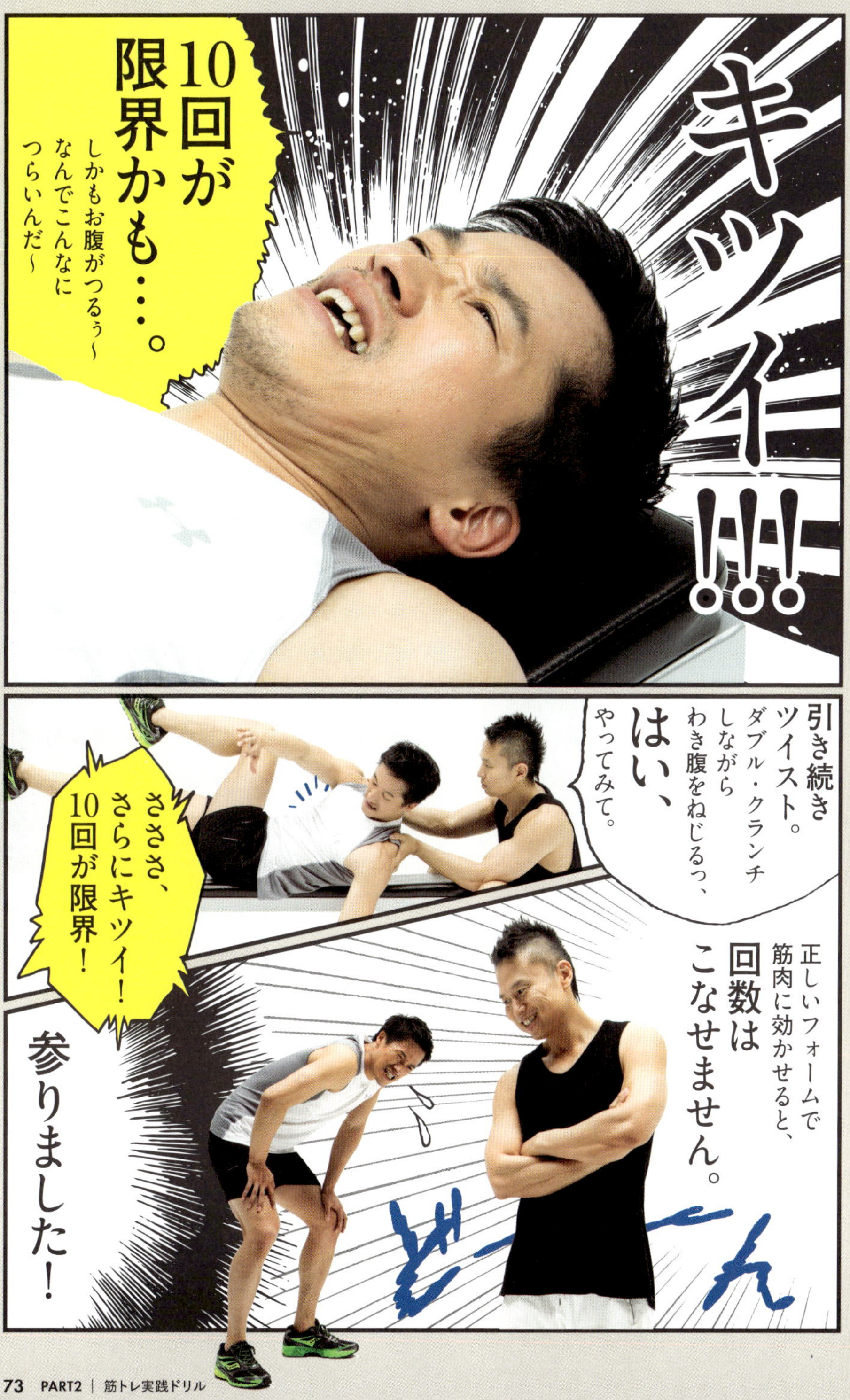
キツイ!!!
10回が限界かも…。
しかもお腹がつるぅ～なんでこんなにつらいんだ～
引き続きツイスト。ダブル・クランチしながらわき腹をねじるっ、はい、やってみて。
さささ、さらにキツイ! 10回が限界!
正しいフォームで筋肉に効かせると、回数はこなせません。
どーーん
参りました!

Report

ここがすごい！
結果が出ると噂の
吉川メソッド！

私たちの ボディ改造体験記

吉川メソッドに挑戦すること約２〜３カ月。
受講者の多くはプログラムを消化し、
過去の自分の体から卒業しています。

しっかり食べてやせる。お腹がへこみ筋肉に！

「２カ月で肉体改造した友人を見て自分も入門。ぽっこりお腹がみるみるなくなり、筋肉がついてきたことを実感。食事をしっかり摂取する重要性も学びました」（31歳・男性）

自分に打ち勝つ精神力、疲れない体、栄養管理能力を手に入れました

（33歳・男性）

体の変化が楽しみに ２週間後から血圧も低下

「この年齢でこなせるのかと、不安なまま吉川メソッドをスタート。でも、徐々に体が慣れて変化していくのが楽しく思えるように。２週間たった頃から血圧も下がり、飲んでいた薬も必要なくなりました」（55歳・男性）

体重もウエストも減り メタボ体型をしっかり卒業

「体重は80kg、ウエストは90cm以上の完全なメタボリック体型だった自分が３カ月で大変身。きつい筋トレにも耐えた結果、体重−20kg、ウエスト−20cmを実現！」（45歳・男性）

見た目も大きく変化。よりヘルシーに

「毎日が筋肉痛との戦いでしたが、３カ月後には、見た目がどんどん変化して、洋服もぶかぶかに。健康診断でもさまざまな数値が改善しているのにびっくり」（48歳・女性）

自分の体で体験 “劇的ビフォー・アフター”

（34歳・男性）

体も引き締まり肩こりも改善

「1週間に1kgのペースで体重が減少。リバウンドを繰り返していたのなんて嘘のよう。2カ月たつと筋肉がついて体も引き締まり、肩こりもなくなりました」（44歳・女性）

過去最高の自分になることができた！

（36歳・男性）

1カ月後には体が変わった。体の中からきれいになれる！

「セルライトいっぱいの体でしたが、1カ月たつとトレーニングに慣れ、体の変化を楽しめるように。自然治癒力が高まり、体の中からきれいになるのを実感！」（34歳・女性）

正しい筋トレと食事で筋肉をつけてパワーアップ

「空手でパワーをつけるため、筋トレを実践。でも、肩や腰をケガすることが多く……。正しいフォームと食事法を学んでから筋肉をしっかりつけ体重を増やせました」（27歳・男性）

筋トレは週2回。着たい洋服が着られるように！

（25歳・女性）

筋肉痛が心地よく感じられるように

（31歳・男性）

つらかったのは最初だけ。変化した自分に満足です

「半信半疑で、週2回のジム通いをスタート。最初の2～3週間はつらく筋肉痛と空腹感との戦いでした。でも1カ月を過ぎるとやせはじめ、今では変化した自分に大満足」（34歳・男性）

吉川朋孝直伝

上級トレーニーの器具操作術

スポーツジムでCOOL!クールに決める！

筋トレアイテムを上手に活用したり、器具をスムーズに扱ったり……。これさえマスターすれば、あなたも今日から上級トレーニーの仲間入り!?

[リストストラップの付け方]

リストストラップは手首を固定でき、ケガの予防にもなります。手の甲側にややかかるように巻くのがポイント。手首が曲がってしまう巻き方では、手首をしっかり固定できません。

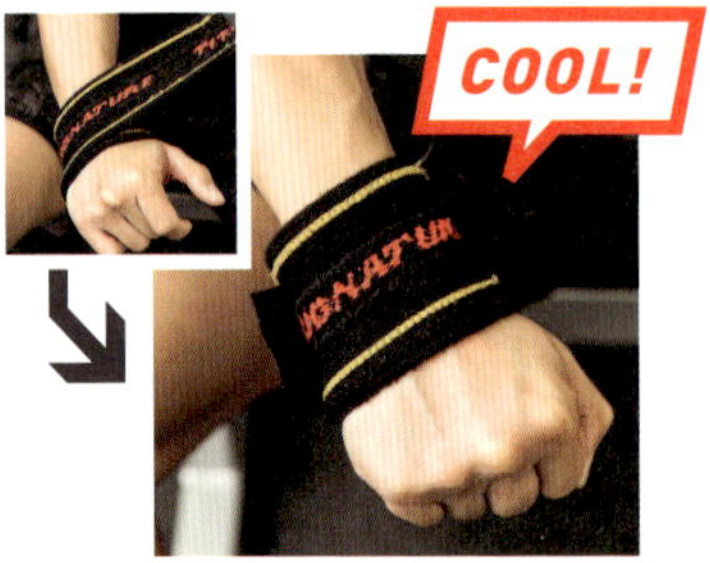

これでは手首が動いてしまう！

[パワーグリップの使い方]

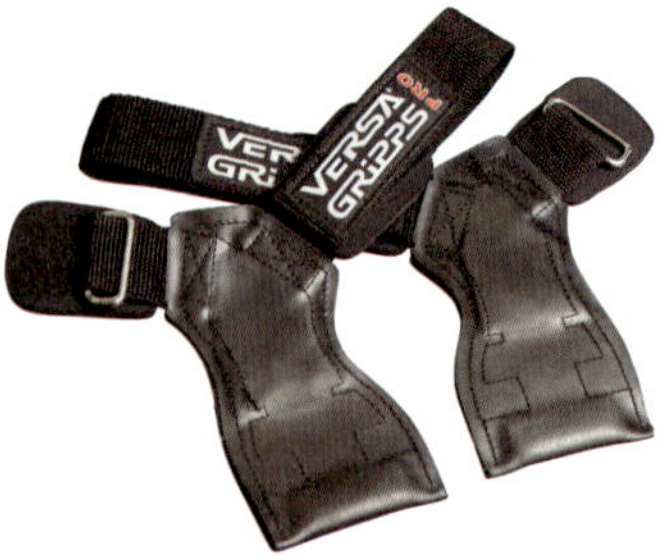

パワーグリップは握力を補助するアイテム。バーを持ってプッシュするときに、バーにうまく巻きつけることができないケースも。スムーズに使うときの方法がコレ！

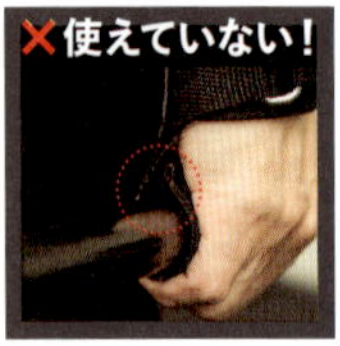

ベロが奥まで巻き込まれず、すき間があいてしまう

ベロがしっかりと巻き込まれた状態

[パワーベルトの付け方]

パワーベルトは腹圧を高め、腰を守るために使うアイテム。体幹が安定するのでより強い力を出すことができます。しっかり締めることが重要で、ベルトが動いてしまうのは緩すぎてNG。

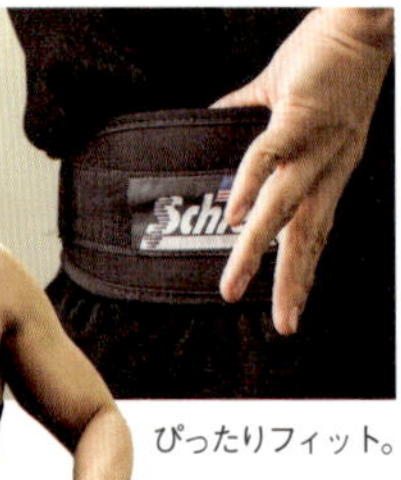

ぴったりフィット。

手がすっぽり入ってしまうのはNG。

[ベンチ・プレスで つぶれたときの対処法]

ベンチ・プレスにはセーフティーバーが付いています。上がらなくなったらゆっくり胸に落とし、一番高さの低い首までバーを持ってきてセーフティーバーにかけ、顔を横にしてバーの下をすり抜けます。

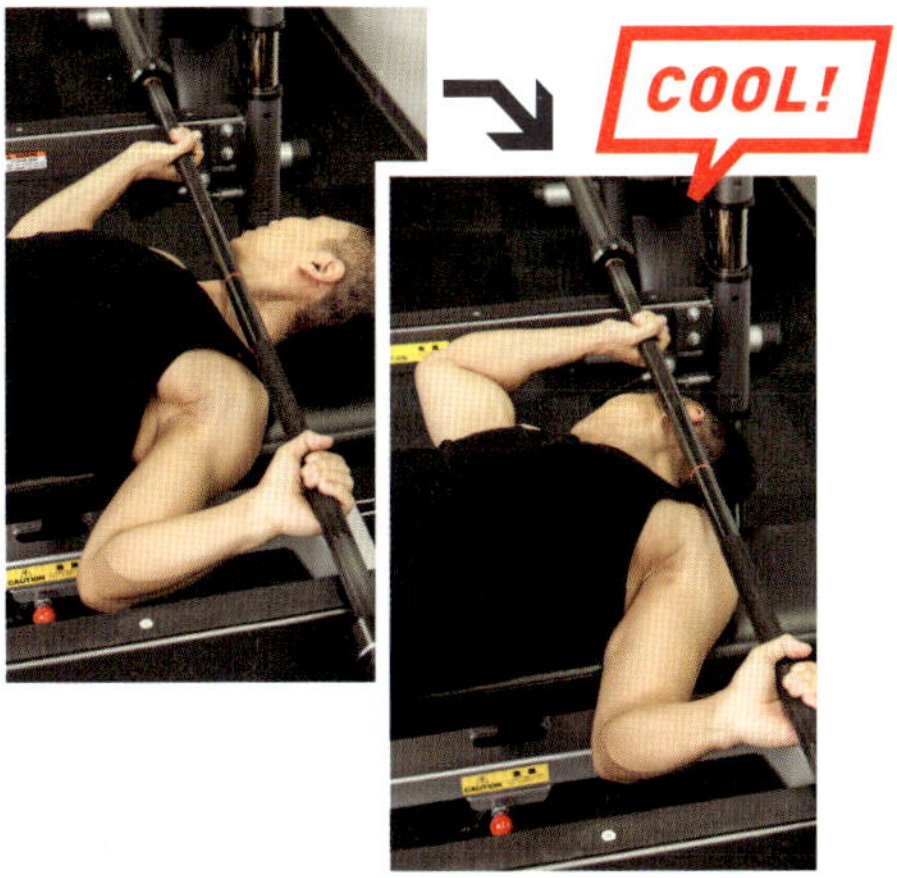

[バーベルの持ち方]

バーベルを持ち上げるときは、体をできるだけバーベルに近づけることで、腰を痛めるリスクを軽減。必ず太ももをバーベルにつけ下半身の力で持ち上げてから後ろに下がりましょう。

この体勢では腰を痛める。

[アタッチメントの取り付け方]

ラット・プル・ダウンの筋トレマシーンのアタッチメントを付けるときに多いのが、アタッチメントを縦に持って付けようとすること。金具のほうを動かして取り付ければ簡単です。

アタッチメントを縦にしているので付けにくい。

[バーベルに重りを付ける]

バーベルの重りは両手に持って、1つずつ付ける。このとき片方を付けたらそのまま手で支えておき、もう片方を付けるとバランスよく付けられる。

手で支えながら付けるとスムーズ。

片方ずつ付けるとバーが傾き危険。

Break Time 02

筋トレで体が変われば心が変わる

筋トレと糖質制限の吉川メソッドを経験して、肉体改造にのぞんだ多くの方から「体だけでなく心まで変わった」との声があがっています。その理由は、肉体改造のプロセスにあります。確実に成果を出すためには、一日の計画をしっかりと立てて、それを継続しなくてはいけません。計画を立てるためには、何を重視すべきかを見極めることが大事になるので、物事の優先順位のつけ方が身につきます。忙しい人ほど予定が入ることのない早朝の時間帯にトレーニングをするようになります。早起きになり、時間管理への意識も高まります。

体重が減り筋力がつくことで、体が身軽になります。体が動くようになると何事もてきぱきと片づけることができるようになります。筋トレによって体が変わることで、心も変化。ポジティブな循環が生まれるのです。

Q&A

PART 3

筋トレ&食事のギモンがわかる!

筋トレに関する素朴な疑問、また、その効果を高める糖質制限など食事法に関して、吉川メソッドに多く寄せられる質問に回答します！

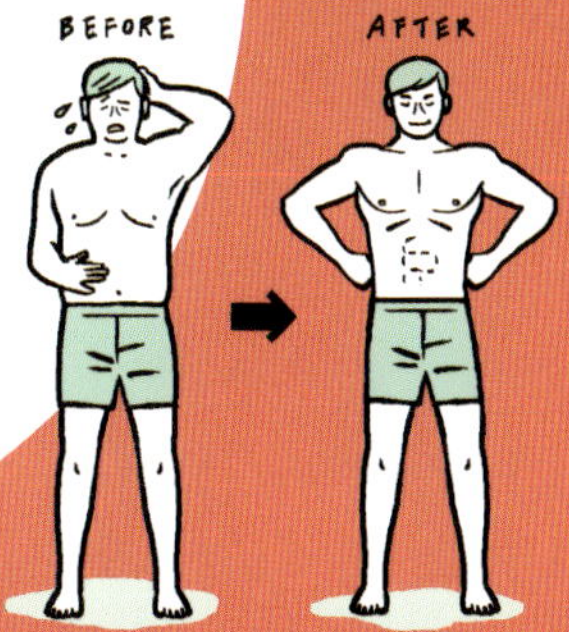

筋トレの素朴なギモンにズバリお答え！

トレーニング現場などで多く寄せられる、筋トレやダイエットに関する質問にお答えします。

Q ダンベルの負荷はどのように決める？

A 連続10回できるかどうかを目安に

筋トレ上級者の中には、自分が扱えるダンベルの重さを自慢げに話す人がいます。でも、それが1回しか上げられない重量だとしたら意味がありませんし、危険です。吉川メソッドでは10回を目安に重量を決めます。10kgを10回上げられたら、回数を増やすのではなく重さを徐々にアップ。すると、10回できない重さに到達しますね。たとえば、ダンベル20kgを8回でギブアップしたとすると、それが今の自分がクリアすべき重さ。これを「本番セット」と呼んでいます。次にダンベルの重量を上げるのは、20kg10回がクリアできたとき。（94ページの筋トレチェックシート参照）。

自宅で行う場合は、重さの変えられるアジャスタブルダンベルがおすすめです。

Q 腹筋を割りたいけど、効果が出ない！ なぜ？

A 腹筋を使えているか 下半身の強化も必要

腹部を鍛える筋トレはさまざまありますが、まずはきちんと腹筋を使っているかどうかが問題。特に下腹部の筋肉は小さくてコントロールが難しいので、多くの人が上手に動かすことができていません。下腹部を鍛えているつもりで、骨盤や脚だけ動いてしまっているということが多いのです。〝割れた腹筋〞を作るためには、腹筋と同時に筋肉の多い下半身を鍛えましょう。基礎代謝が上がり、お腹まわりの脂肪燃焼が高まります。

　また、糖質制限などの食事法を取り入れることも必要です。

Q インナーマッスルはどう鍛えればいい？

A 表層筋を鍛えれば自然に強化される

インナーマッスルとは体の奥にあり、体の外から触れることができない深層筋全体のこと。意識的に動かせないものもあり、インナーマッスルだけを鍛えることはできません。一方、体の表面から触れることができるのが表層筋のアウターマッスル。この筋肉を鍛える動作はインナーマッスルにも関係しています。そのため、アウターマッスルを正しいフォームでしっかり鍛えれば、インナーマッスルは自動的に強化されるのです。

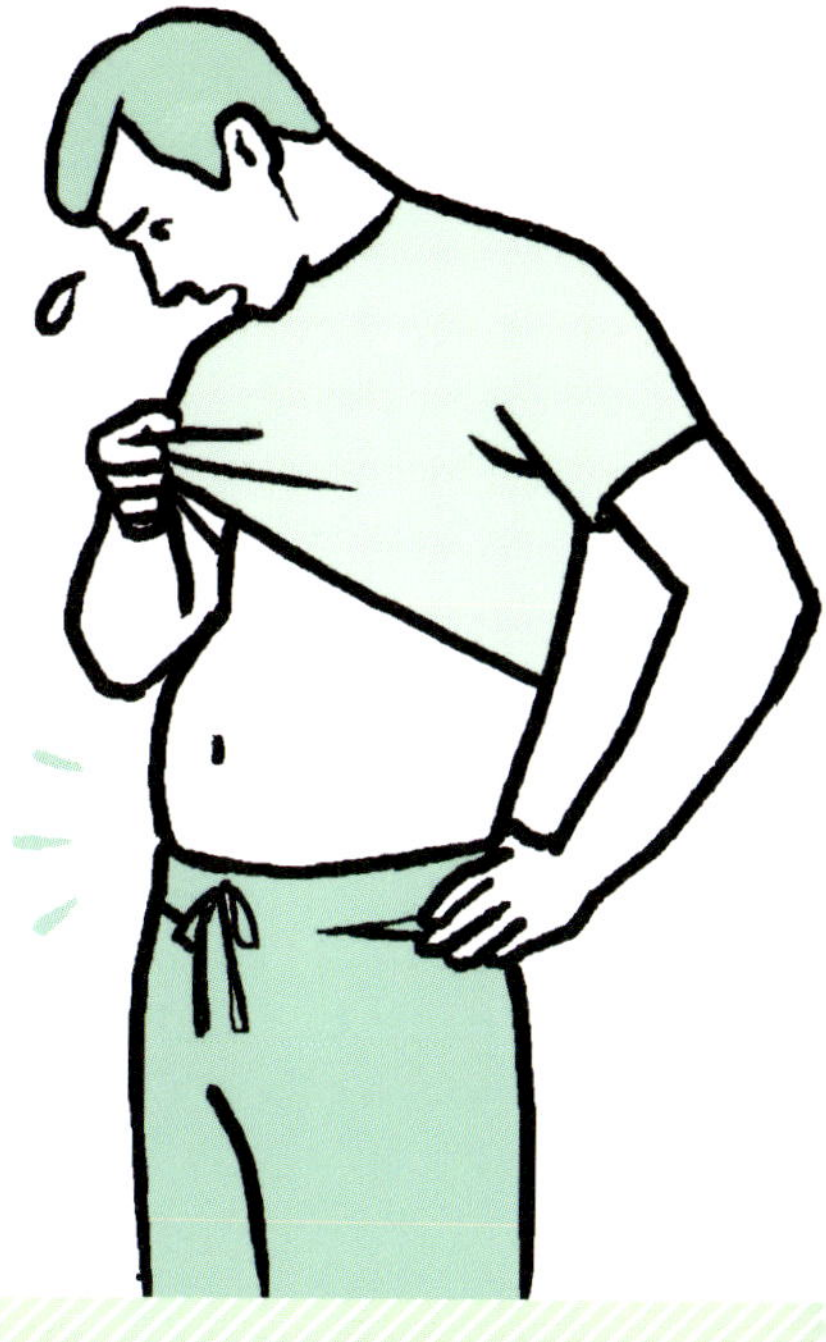

Q 毎日筋トレしてもいい？

A 異なる部位なら毎日実践してOK

トレーニングで破壊された筋肉の修復期間が必要なので、筋トレは週に1〜2回、とよく言われます。でも、これは同じ部位を鍛える場合です。異なる部位の筋トレをするのであれば、毎日行って構いません。ちなみに、筋肉痛にならない低負荷のもので行っても、効果は見込めません。

Q ハードな筋トレをしても筋肉痛にならない。どうして？

A 負荷が軽いと対象筋に効かない

筋肉痛とは、トレーニングによって筋繊維が破壊されて生じる痛みのこと。破壊された筋肉は修復されて強くなります。しかし負荷が軽い場合、筋破壊に至らず筋肉痛は起こりません。たとえば、胸と腕の筋肉を使うプレス系筋トレは、胸の筋肉だけを使うフライ系筋トレの約3倍の重量を上げることができます。つまり、この2つの種目を同じ重量で行うのはそもそも間違い。筋トレの効果を上げるためには、種目ごとに適した負荷（重量）に設定することが必要です。これを間違えると、鍛えるべき筋肉にとって軽い負荷となるので、筋破壊は起こらず筋肉痛にもなりません。

プレス系

フライ系

Q 筋トレをするときの順番ってある？

A 大きな筋肉からスタート 腹筋は最後に行う

下半身や背中など大きな筋肉を使う種目を先に行い、肩や腕などの小さな筋肉を使う種目に移行するといいでしょう。最後に腹筋を鍛えましょう。実は、腹筋は体幹部分にある姿勢を保つ筋肉で、どんな筋トレを行うときにも使われます。ですから、腹筋をピンポイントで先に使ってしまうと疲れてしまい、姿勢が崩れがちに。ほかの筋トレを行うときに、正しいフォームをとりにくくなるリスクが高まってしまうのです。

Q 不得意な筋トレと得意な筋トレがあるけど……

A 一つの部位を鍛えるなら 得意な種目に取り組む

一つの部位を鍛える筋トレ法を実践するなら、種目を増やすよりも、最初は得意な種目で狙った筋肉に効かせることをおすすめします。得意な種目で正しいフォームをとれるようになったら、別の種目をマスターします。胸を張るのが苦手、股関節が硬いなど、体の柔軟性や関節の可動域、筋力などによって、得意かどうかは異なるもの。得意な種目ほど動きがスムーズで、筋肉を意識しやすく筋トレ効果も高まります。

Q 筋トレをやめるとすぐに前の体型に戻る？

A 再開すれば短期間で全盛期の筋肉に

たとえば、3年かけてつけた筋肉。長期間休めば、筋肉量や筋力は落ちます。でも、一度筋肉を鍛えて強くした経験があれば、筋トレを再開してから数カ月程度で筋肉の量や筋力が戻ってきます。筋肉の「マッスルメモリー」と呼ばれる働きによるものと考えられています。これは筋肉が全盛期の状態を記憶し、それを思い出すかのように筋肉量や筋力が戻る現象。これまで鍛えてきた期間が長いほど戻る時間も短いといえます。

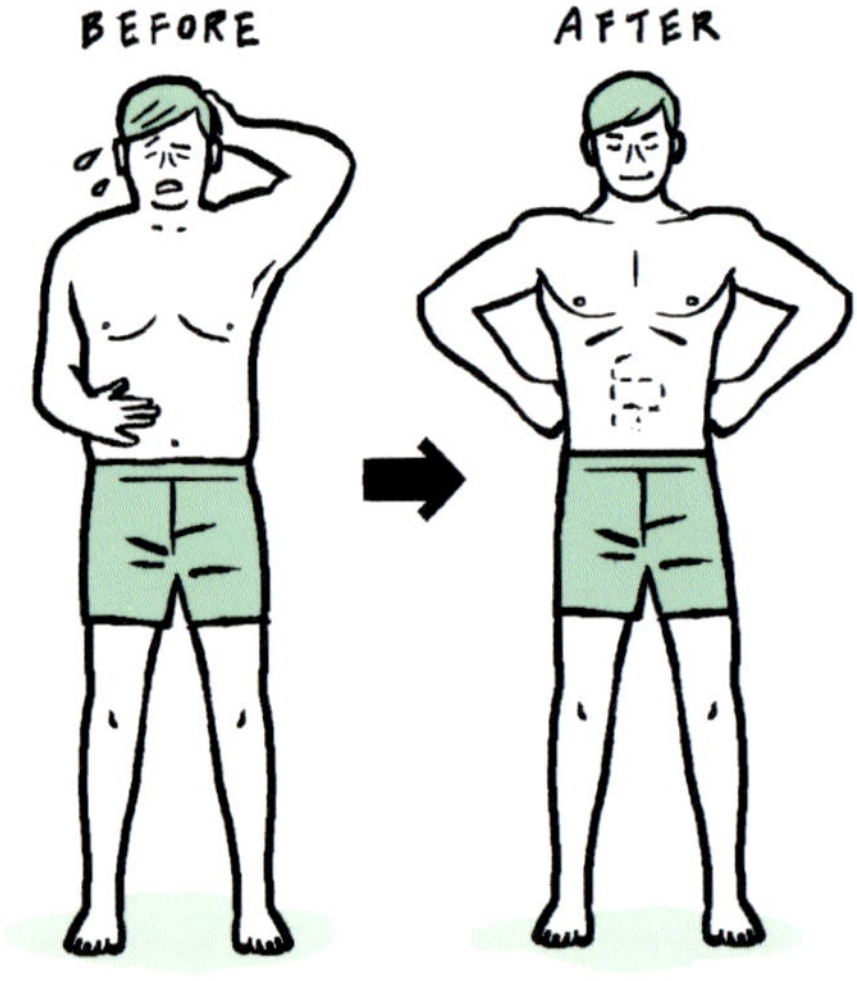

Q 筋トレでオーバーワークってある？

A 質の高い筋トレならやりすぎはあり得ない

筋トレのしすぎをオーバーワークというようです。これは間違ったフォームで行った結果、本来負荷をかけるべきでない対象筋以外の関節やインナーマッスルを疲労させ、炎症などを引き起こします。

吉川メソッドでは、オーバーワークはあり得ません。筋トレの目的は、対象筋だけを疲労させ破壊することです。正しいフォームで行えば、数分で目的は達成し、短時間で筋トレ効果を上げることが可能です。

Q 単関節種目と多関節種目はどっちが先？

A 単関節から多関節へ ケガのリスクも軽減

筋トレには、単関節種目と多関節種目があります。吉川メソッドでは、いくつかの種目で同じ部位を鍛えるときには単関節種目→多関節種目の順で行います。たとえば、肩を使うサイド・レイズ（P50）をやってから肩と肘を使うダンベル・ショルダー・プレス（P52）をします。このやり方だと、対象筋を事前に疲労させるので、多関節種目に移っても、対象筋が早く疲労、破壊しやすく、また、重い重量を扱わなくてすむので、ケガのリスクも軽減することができます。

※単関節種目とは一つの関節を使う種目、多関節種目は複数の関節を使う種目。

Q “ジャイアントセット”ってなに？

A 4種目以上連続で行うトレーニング方法

同じ部位を鍛えるときに、4種類以上の種目を連続して休憩なしに行う方法です。本書で紹介した種目を例にとると、腹筋のジャイアントセットは、ヒップ・レイズ（P68）→ボディ・アーチ（P70）→ダブル・クランチ（P62）→ツイスト（P64）のような組み合わせをいいます。ただし正しいフォームで行い、マッスルコントロールが十分にできないと効果が上がりません。

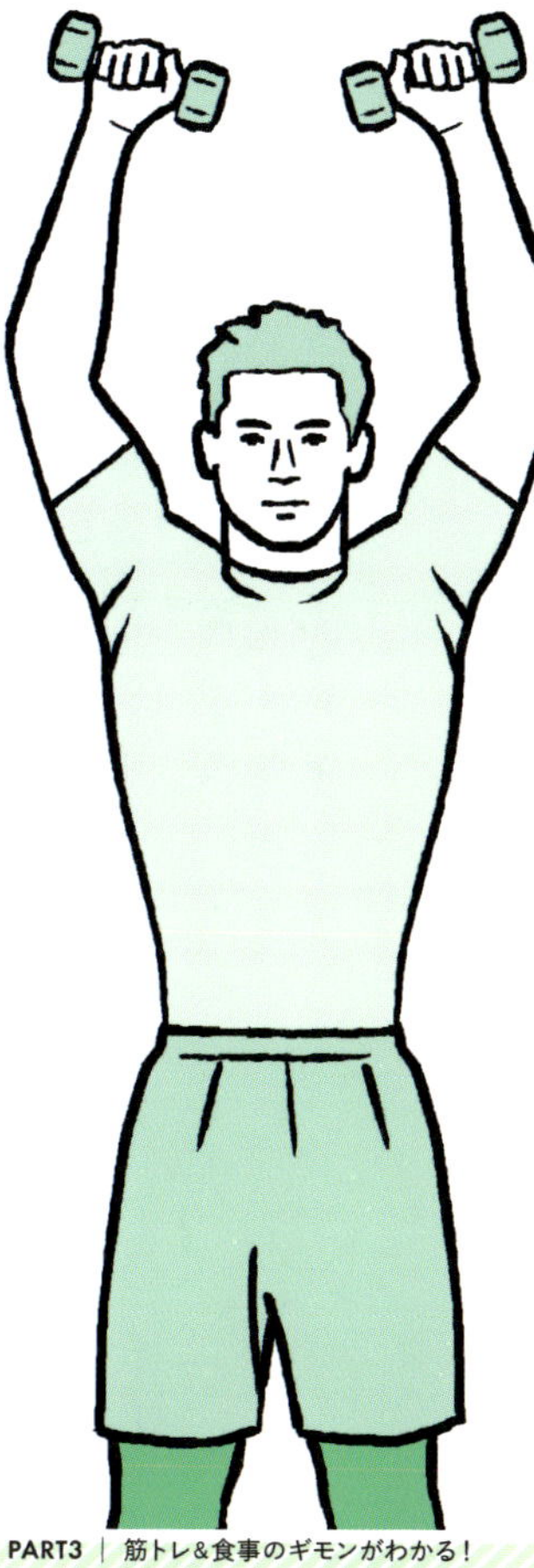

Q 運動が苦手。筋トレってできる？

A 運動経験が少ない人ほど筋トレには向いている

意外かもしれませんが、運動が得意な人だと、対象筋からほかの関節や筋肉に負荷をうまく逃がして、楽な姿勢で行ってしまいがち。筋トレは負荷を分散させないことが基本。運動経験が少ない人は筋肉のつき方も左右差が小さく、こうした体のクセのようなものが少ないもの。負荷が分散されにくいので筋トレは向いているといえます。

Q 筋トレすると太くなる？

A 脂肪が落ちて引き締まる

ハードな筋トレをしても、筋肉がつくよりも脂肪が落ちていくほうが圧倒的に早いので、体は引き締まります。筋肉が少ないから、余分な脂肪がついて体型を崩すのです。よい具合に引き締まったら、それ以降は筋肉を維持するため、軽めの負荷で筋トレを継続すればOK。女性の場合はホルモンの影響もあり、男性のようにムキムキになることはありません。

Q 生理中でも筋トレやって平気？

A 生理中の筋トレは効果が高い!?

生理中でも、日常生活に支障がない、あるいは痛みがひどくないのであれば行っても問題ありません。女性ホルモンには脂肪をため込む働きがあります。このホルモンの分泌が減る生理中は筋トレの効果が出やすいともいわれます。しかし、痛みや不快感、貧血症状などがあれば、やらないようにしましょう。

Q 筋トレで部分やせは可能?

A 気になる部分はバランスよく整う

原則的に、ある部位の脂肪を全く落とさず、気になる部位だけの脂肪を落とすことはできません。たとえば、胸の脂肪だけを残し、お腹周りだけの脂肪をとるというのは無理でしょう。ただし、バランスを整えることは可能です。たるんでいる、太いなど気になっている部位というのは、その部位の筋肉が少ないからそこに脂肪がつきやすくなるのです。ですから、気になる部位の筋トレをして筋肉を鍛えれば、そこをしっかりと引き締めることができます。

Q 小顔になる筋トレってある?

A 顔は筋トレで鍛えられない

「顔は鍛えられる?」という質問も来ますが、これはNO。鍛えることで成長するタイプは速筋です。顔の表情筋のうち速筋はわずか10%程度しかなく、残り90%が鍛えることのできない遅筋ですから、筋トレで顔を鍛えることはできません。三角筋を鍛え肩の筋肉をつけると、小顔効果が得られると教えています。

Q やせるには有酸素運動も一緒にやったほうがいいの?

A 有酸素運動は筋トレ後に行う

筋トレだけでも効果はあるので、必ずしも必要ではありません。もしランニングやエアロバイクなどの有酸素運動を取り入れるのであれば、筋トレ後に行います。筋トレによって脂肪が分解されるので、脂肪は燃焼されやすい状態になっています。そのときに有酸素運動をすることで、効率よく脂肪を消費することができます。

吉川メソッドの食事術

筋トレと食事は体づくりを支える両輪。食事は筋肉を作る重要な材料です。理想の体に近づくための吉川流食事法とは？

ルール]

rule 1 糖質をカットすると脂肪がたまりにくくなる

体づくりに必要なのは、たんぱく質と、ホルモン生成や細胞膜の材料になる脂質。体の材料にはならず、エネルギーにしかならない糖質は徹底的にカットするというのが吉川メソッド。糖質をとると太るホルモンと言われるインスリンが大量に分泌され、余ったエネルギーは脂肪として蓄えられるからです。

rule 2 まずは、適正体重を目指す。カロリーは気にしないでOK

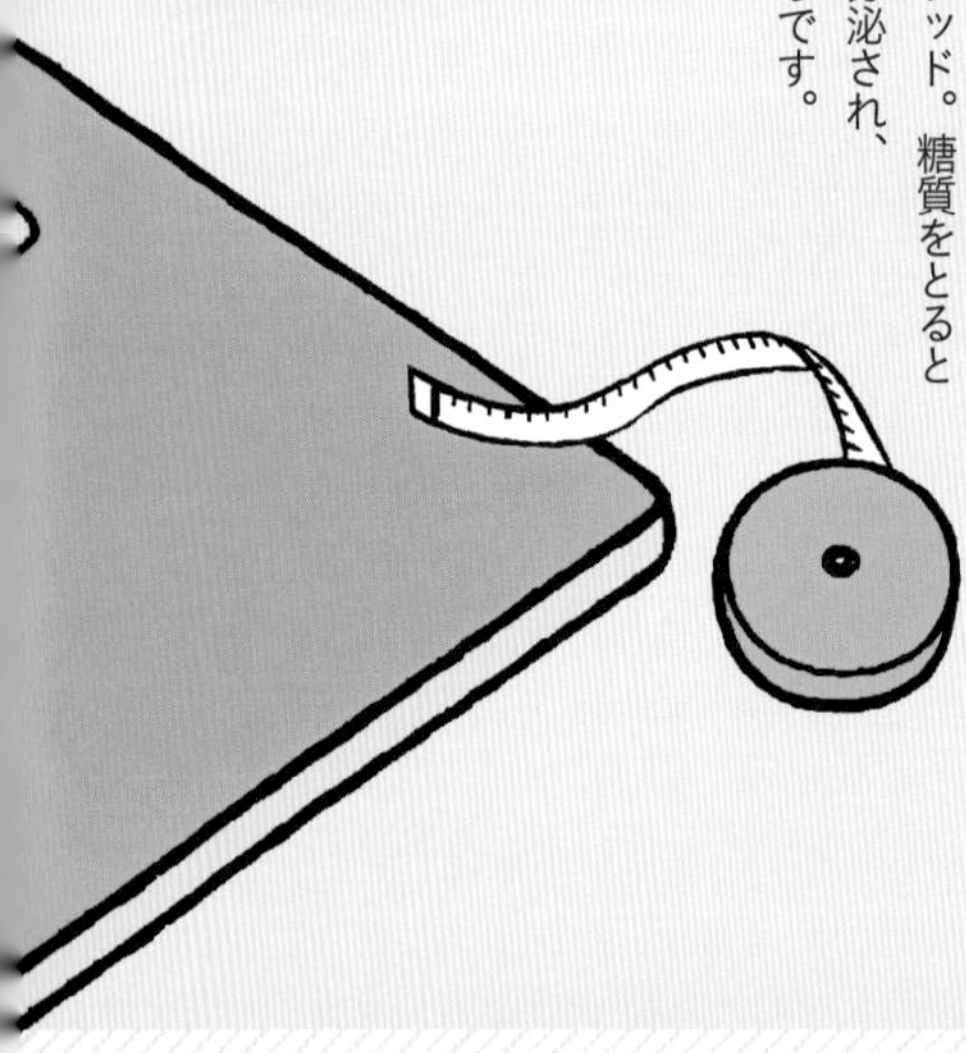

[4つの

糖質カットの食事をしっかり守っていれば、適正体重まではカロリー制限なしで自然にやせていきます。その上で、理想の体型や体重を目指すときに、はじめてカロリー管理が必要となります。ただし、通常の食事から糖質をカットした分をたんぱく質や脂質でとらないと、エネルギー不足になるので注意。

rule 3

水は1日3リットル以上飲む

人の体の約60%は水分。1日に2.5リットルの水分が汗や尿として排出されるので、新しい水分を摂取することが必要です。1日3リットル以上の水分をとることで新陳代謝が高まり、老廃物もしっかり排出されます。水をたくさんとることで体内のナトリウムバランスが整い、むくみも解消されます。ただし、一度に大量に飲むと水中毒になる危険性があるので、こまめに飲むように。

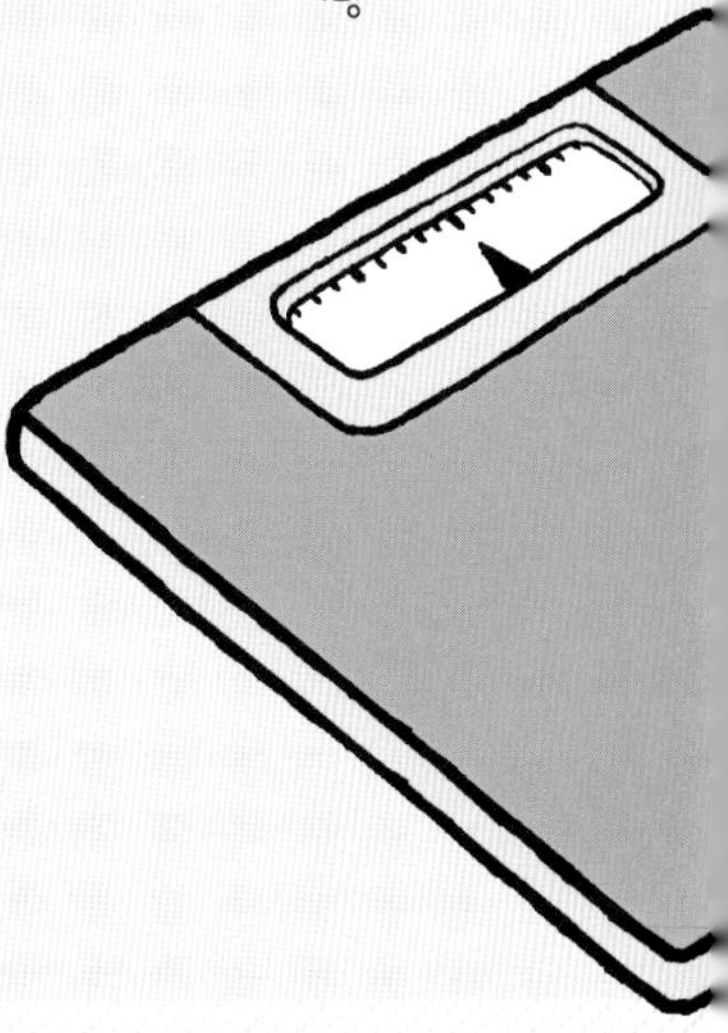

rule 4

食事日記をつける

自分が何を食べたのかを記録しておくのが食事日記。栄養のバランスをみたり、食習慣を振り返ることにもなります。手帳やカレンダー、ノートなどに食事内容と一緒に、体重や摂取した水分量なども記載しておきましょう。食べたものはその場でメモをとるといいでしょう。細かく記載すればするほどしっかりとデータを把握でき、体づくりの成功率がアップします。

糖質制限を上手にすすめるために

体の材料になる栄養をとる カロリーは重要ではない

吉川メソッドでは、筋トレが体づくりの設計図だとすれば、食事は体をつくる材料と考えます。食事をエネルギーとはとらえません。3大栄養素のひとつであるたんぱく質は筋肉や骨などの体の組織の原料となります。脂質は細胞膜の材料であり、ホルモン生成に欠かせません。では、糖質はというと、エネルギーにしかなりません。余った糖質はすべて中性脂肪になります。ですから、吉川メソッドの食事法は糖質カットが基本になります。

よく「何を食べたらいいですか?」と聞かれますが、それに対しては「糖質以外は何でも食べてOK」と答えています。

糖質とは、砂糖や果物などのほか米、パン、麺類などの炭水化物（食物繊維を除く）のこと。日本人はこうした食品から総エネルギーの6割近くを摂取しています。糖質カットすると摂取エネルギーが足りなくなるのでは?と思う人がいますが、そうではありません。カットした分は、しっかりたんぱく質や脂質で補えばいいのです。

食事では肉、魚、卵などのたんぱく質と脂質がメインになります。

体脂肪を落とすには、脂質が少

避けたほうがいい食材

米類、パン、うどん、パスタなどの小麦粉製品、そば、春雨などの麺類、いも類などのデンプン、根菜類、果物、砂糖やはちみつなどの甘味、また、魚肉ソーセージ、かまぼこ、はんぺんなどの練り物系の加工品。

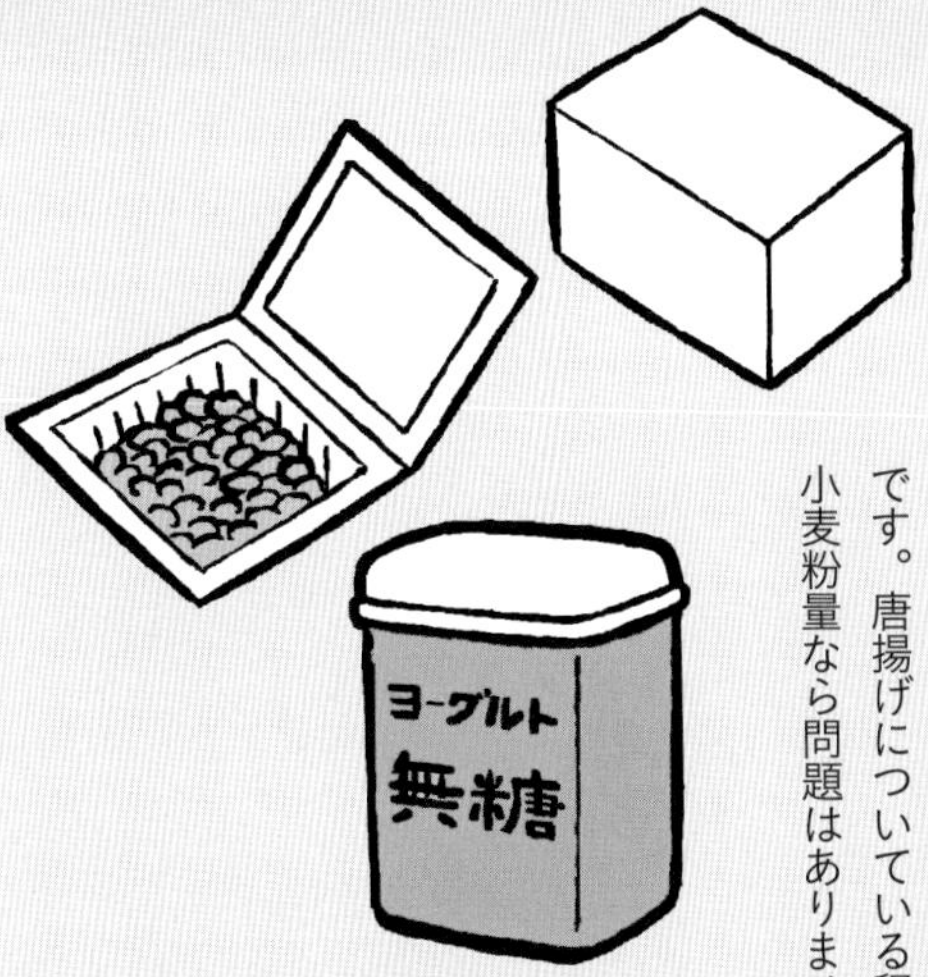

豆腐や納豆などの植物性たんぱく質を動物性たんぱく質の肉や魚などと一緒にとります。無糖のプレーンヨーグルトは100g中約5gの糖質を含むので、とるなら少量にします。

ない鶏ささみがいいとされていますが、肥満解消程度であれば、基本はどんな脂身の多い肉や魚でもかまいません。脂質の種類はたくさんありますが、特におすすめなのは、体内で合成することができないオメガ3と呼ばれる必須脂肪酸です。マーガリンやショートニングに使われるトランス型脂肪酸は避けましょう。

脂質はたくさん食べていいといっても、揚げ物には注意が必要です。唐揚げについている程度の小麦粉量なら問題はありません。でも、とんかつや天ぷらの衣は糖質なので、できるだけ衣は外して食べましょう。また、牛丼や親子丼など甘辛い味つけには糖質である砂糖やみりんが使われます。ケチャップやソースも糖質が入っているのでNG。最近では、糖質オフの調味料などもあるので上手に活用するといいでしょう。

また、美容にいいとされるフルーツに含まれる果糖は、実はブドウ糖よりも血中の中性脂肪値を上げやすいとされます。肌の老化の元凶であるAGEs（終末糖化産物）という物質が作られる速度も、ブドウ糖の数倍速いのです。果物をとると、太りやすく老化しやすいといえます。

また、肉や魚などからほとんどのビタミンやミネラルがとれますが、ビタミンCは不足しがち。ブロッコリーや葉物野菜からとるといいでしょう。ただし、根菜類は糖質が多く注意が必要です。

飲んでもよい飲み物

炭酸水、お茶系、ブラックコーヒー、糖質を含まない蒸留酒（焼酎、ウイスキー、ブランデー、ジン、ウォッカなど）はOK。糖質を含む清涼飲料水、野菜ジュース、清酒、ビールなどの醸造酒は避ける。

使っていい油

必須脂肪酸のオメガ3脂肪酸が豊富な油、無添加で加工されていない油。アマニ油、しそ油（えごま油）、オリーブ油、ごま油など。

使っていい調味料

甘味は0カロリーの人工甘味料で代用。また、だしを活用するとよい。スパイス、塩、唐辛子、豆板醤、糖質オフ調味料などは使ってOK。

Q 糖質オフはどのように始めていけばいいの？

A エネルギー不足に注意。しっかり噛んで食べる

糖質は徐々に抜いてもいいのですが、最初から一切とらないほうが効果と体の変化は感じやすくなります。気をつけたいのは、主食である炭水化物を抜いただけだと、エネルギー不足になって体調が悪くなってしまうこと。主食を抜いた分をたんぱく質や脂質で補わないといけません。しかし、早食いだと食べすぎてしまうので、一口30回以上しっかり噛んでください。

Q 糖質制限でエネルギー切れにならない？

A 体が慣れてくれれば問題ありません

糖質制限を始めたばかりだと、脂肪から効率よくエネルギーを生み出すシステムがうまく働かず、エネルギー切れを感じるかもしれません。でも、糖質制限を続けることで体が慣れてきます。また、脳への影響を心配する人もいますが、脳はブドウ糖以外に脂肪から作られるケトン体もエネルギー源にします。

Q カーボローディングとファットローディングはどっちがいいの？

A 糖質より脂質のほうが体内にためやすい

トライアスロンなどのトップアスリートの中には、カーボローディングではなくファットローディングを実践する人もでてきています。1gあたり脂質は9kcal、糖質は4kcalと、同じ量でも脂質のほうが倍以上のエネルギーを得られます。また、糖質は肝臓で100g程度しかためられませんが、脂質は際限なくためることができます。

※カーボローディングとは、運動で必要となるエネルギー源のグリコーゲンを体内に多く貯蔵するため、炭水化物を多く摂取する食事法。ファットローディングとは、脂肪を貯蔵する食べ方のこと。

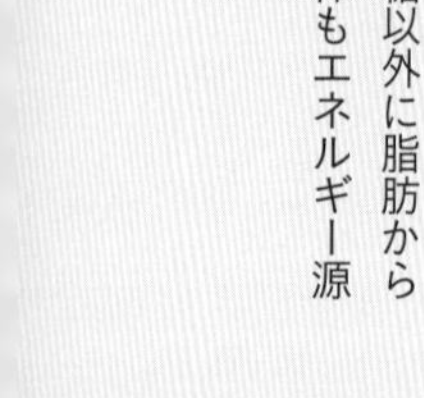

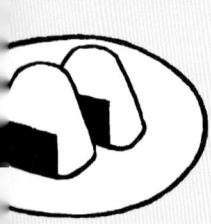

Q プロテインはとったほうがいい?

A 食事でとれば必要ありません

プロテインには特別な作用があって筋肉増強剤のように思っている人もいるのではないでしょうか。でも、プロテインはただのたんぱく質で、たとえば、鶏ささみを粉末にしたものと同じです。とっても構いませんが、食事でしっかりたんぱく質をとれば必要ないと考えられます。

Q 食事は1日に何回とってもいいの?

A 回数は増やして体を飢餓状態にしない

食事をとったとき、たんぱく質は体内で合成されます。食事をとらないでいると、体は飢餓状態になったと思い込み、たんぱく質は分解されて体内で使われます。ですから、空腹が長時間続くのはよくないわけです。体づくりにおいては、同じカロリーをとるのであれば、食事回数は増やしたほうがいいということです。そのほうが代謝も上がり、消費エネルギーも増えます。2時間おきくらいに何か食べるようにしてもいいでしょう。

Q 食品の栄養成分表示に糖質表示がないときは?

A 炭水化物の表示には糖質が含まれている

糖質の表示がないときは、炭水化物の表示があるかを見てください。炭水化物=糖質+食物繊維です。炭水化物から食物繊維量を引いたものが糖質の量です。食物繊維の表示がないときは、炭水化物=糖質の場合が多いでしょう。

ダンベル・ショルダー・プレス	／	回 ／ kg	／	回 ／ kg	／	回 ／ kg	／	回 ／ kg
	／	回 ／ kg	／	回 ／ kg	／	回 ／ kg	／	回 ／ kg
ダンベル・ワンハンド・フレンチ・プレス	／	回 ／ kg	／	回 ／ kg	／	回 ／ kg	／	回 ／ kg
	／	回 ／ kg	／	回 ／ kg	／	回 ／ kg	／	回 ／ kg
ライイング・トライセプス・エクステンション	／	回 ／ kg	／	回 ／ kg	／	回 ／ kg	／	回 ／ kg
	／	回 ／ kg	／	回 ／ kg	／	回 ／ kg	／	回 ／ kg
ダンベル・カール	／	回 ／ kg	／	回 ／ kg	／	回 ／ kg	／	回 ／ kg
	／	回 ／ kg	／	回 ／ kg	／	回 ／ kg	／	回 ／ kg
ハンマー・カール	／	回 ／ kg	／	回 ／ kg	／	回 ／ kg	／	回 ／ kg
	／	回 ／ kg	／	回 ／ kg	／	回 ／ kg	／	回 ／ kg
サイド・ベント	／	回 ／ kg	／	回 ／ kg	／	回 ／ kg	／	回 ／ kg
	／	回 ／ kg	／	回 ／ kg	／	回 ／ kg	／	回 ／ kg

【使い方】

吉川メソッドでは基本10回を目安に重量を決めます。設定した重さでまず10回できるように練習します。たとえば、ブルガリアン・スクワットで初回にダンベル10kgで８回しかできなかったら、10回できるようになるまで繰り返しトレーニングします。10回をクリアしたら重さを上げて負荷を高め10回を目指します。このようにして負荷を高めていきます。

左右の筋力が違う場合、片方だけ1セット増やしたり、重さを上げたりしてはいけません。片方ずつやる種目の場合は、あいた片手で補助するなどして、力のあるほうに重さと回数を合わせてください。また、両手で同時に行う種目の場合は、筋力が弱い方の回数に合わせます。正しいフォームで行えば、左右差のない均整のとれた筋肉をつけることができます。

【記入例】

ブルガリアン・スクワット	8／1	8 回 ／ 10 kg	8／5	10 回 ／ 10 kg	8／9	9 回 ／ 12.5 kg	／
	／	回 ／ kg	／	回 ／ kg	／	回 ／ kg	／

吉川メソッド

筋トレチェックシート

ダンベルを使う種目で負荷を決めるときのチェックシートです。P94の使い方を参考にして取り組んでください。

ブルガリアン・スクワット	／	回／kg	／	回／kg	／	回／kg	／	回／kg
	／	回／kg	／	回／kg	／	回／kg	／	回／kg
ルーマニアン・デッドリフト	／	回／kg	／	回／kg	／	回／kg	／	回／kg
	／	回／kg	／	回／kg	／	回／kg	／	回／kg
ワンレッグ・カーフ・レイズ	／	回／kg	／	回／kg	／	回／kg	／	回／kg
	／	回／kg	／	回／kg	／	回／kg	／	回／kg
ダンベル・フライ	／	回／kg	／	回／kg	／	回／kg	／	回／kg
	／	回／kg	／	回／kg	／	回／kg	／	回／kg
ダンベル・プレス	／	回／kg	／	回／kg	／	回／kg	／	回／kg
	／	回／kg	／	回／kg	／	回／kg	／	回／kg
ダンベル・ベント・オーバー・ローイング	／	回／kg	／	回／kg	／	回／kg	／	回／kg
	／	回／kg	／	回／kg	／	回／kg	／	回／kg
ワンハンド・ダンベル・ローイング	／	回／kg	／	回／kg	／	回／kg	／	回／kg
	／	回／kg	／	回／kg	／	回／kg	／	回／kg
ダンベル・シュラッグ		回／kg		回／kg		回／kg		回／kg
		回／kg		回／kg		回／kg		回／kg
サイド・レイズ		回／kg		回／kg		回／kg		回／kg
		回／kg		回／kg		回／kg		回／kg

吉川朋孝（TOMOTAKA YOSHIKAWA）
ボディデザイナー。吉川メソッド代表。プライベートジムでマンツーマンのトレーニング指導を行い、16～84歳の多くの人のボディデザインを成功させてきた。ボディとメンタルの関係も重視。著書に『成功者のためのボディコントロール　驚異の"吉川メソッド"ダイエット』『やせた、体がかわった、心がときめいた　実証3カ月　吉川メソッドダイエット』（集英社）など。

吉川メソッドオフィシャルサイト
http://yoshikawa-method.co.jp/

吉川朋孝オフィシャルブログ
http://yoshikawa-method.co.jp/wp/

吉川メソッドスタッフブログ
http://yoshikawa-method.co.jp/wps/

Facebook
https://www.facebook.com/YoshikawaMethod

撮影	是枝右恭、p72～73堀内慶太郎（朝日新聞出版 写真部）
モデル	中林宏明（吉川メソッド）、中村悠子（吉川メソッド）
ヘアメイク	佐藤耕
スタイリング	田中麻理乃
CG制作	㈱BACKBONEWORKS
イラスト	山口正司
装丁・デザイン	荒尾彩子、原木恵、戸塚香里、伊藤有里（Concent, Inc）
DVD撮影・編集	株式会社グラフィット
DVDモデル	薄井智和、鈴木孝英、本間友佳子
DVDプレス	イービストレード株式会社
校正	木串かつこ
編集・ライティング	和田方子（テクト）
企画・編集	森香織、市川綾子（朝日新聞出版 生活・文化編集部）

衣装協力
アシックスジャパン㈱ お客様相談室　電話 0120-068-806
株式会社アルペン お客様係（kissmark・TIGORA）　電話 052-559-0160
サッカニー ジャパン　電話 03-3476-5674
プーマ お客様サービス　電話 0120-125-150
スタイリスト私物

DVD付き
狙った筋肉を鍛える！
筋トレ完全バイブル

監　修　吉川朋孝
編　集　朝日新聞出版
発行者　須田 剛
発行所　朝日新聞出版
　　　　〒104-8011　東京都中央区築地5-3-2
　　　　電話 03-5541-8996（編集）
　　　　　　 03-5540-7793（販売）
印刷所　図書印刷株式会社

価格はカバーに表示してあります。
落丁・乱丁の場合は弊社業務部（電話03-5540-7800）へご連絡ください。
送料弊社負担にてお取り替えいたします。

本書および本書の付属物を無断で複写、複製（コピー）、引用することは著作権法上での例外を除き禁じられています。また代行業者等の第三者に依頼してスキャンやデジタル化することは、たとえ個人や家庭内の利用であっても一切認められておりません。

©2015 Asahi Shimbun Publications Inc.
Published in Japan by Asahi Shimbun Publications Inc.
ISBN 978-4-02-333047-4